SOMMAIRES

DU

CODE DE PROCÉDURE CIVILE,

PAR ORDRE ALPHABÉTIQUE.

SOMMAIRES

DU

CODE DE PROCÉDURE CIVILE,

PAR ORDRE ALPHABÉTIQUE,

SANS DISJONCTION DES ARTICLES DE CHAQUE TITRE,

AVEC RAPPROCHEMENT DES MATIÈRES,

ET RAPPEL DES DISPOSITIONS DU CODE CIVIL

D'OU ELLES DÉRIVENT, OU QUI S'Y RATTACHENT;

Cet ouvrage est précédé d'une introduction qui en fait connaître l'utilité. Il est indispensable à ceux qui suivent les cours de la procédure civile, et à tous les hommes de loi.

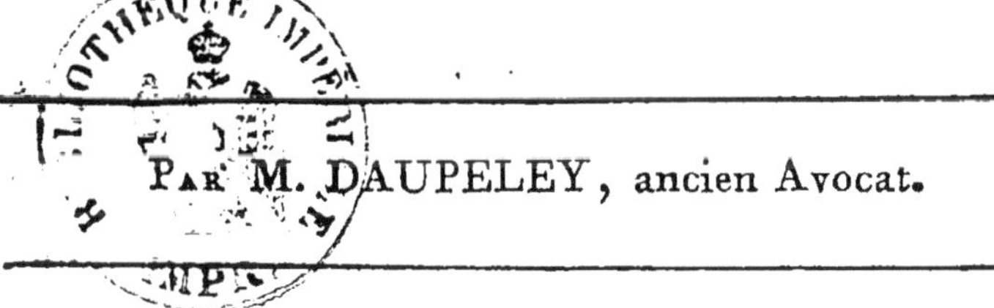

PAR M. DAUPELEY, ancien Avocat.

A PARIS,

Chez N. RENAUDIERE, Imprimeur, rue des Prouvaires, n°. 16;
GARNERY, Libraire, rue de Seine, Hôtel Mirabeau;
Mad. DUFRESNE, Libraire, Palais de Justice;
Mad. VANRAEST, Libraire, rue de la Harpe, n°. 117.

AN 1806.

INTRODUCTION.

Les sommaires du Code de procédure par ordre alphabétique, avec les rapprochemens que j'ai faits, sont en même-tems une table générale et une conférence des matières.

La table, je puis le dire, est d'une exactitude entière ; elle comprend tout ce que renferme le Code : je n'ai pu rien omettre de la manière dont j'ai opéré. D'abord j'ai relevé et rangé par ordre alphabétique tous les titres, en m'écartant le moins possible de l'ordre établi par le législateur. Ainsi, je n'ai pas dérangé le titre *de la Saisie des Fruits*. . . . qui se trouve après le titre *des Saisies-exécutions*, pour le faire précéder celui-ci, comme semble l'exiger l'ordre alphabétique ; et je me suis plu à laisser à ce moyen, dans son ordre naturel, une série de près de deux cents articles. Je n'ai pas non plus détaché du titre *de l'Apposition des scellés*, le titre *des Oppositions aux scellés*, qui lui succède immédiatement et s'y trouve intimement lié, pour porter ce titre, sous la lettre *O*, à l'article *oppositions*, qui semble également le réclamer. Me persuadant qu'on trouverait tout aussi bien à l'article *scellés* ce qui touche les oppositions, et fidèle à la règle que je m'étais faite, j'ai usé de l'artifice facile du renversement (1) des mots pour remplir mon objet ; et au mot *oppositions*, j'ai renvoyé à *scellés*. Par ce moyen, mon but s'est trouvé atteint. J'en ai usé de même, toutes les fois que je l'ai pu. Par-là, j'ai mis moins de renversement dans les matières du Code.

---

(1) *Scellés*, (*des oppositions aux*) au lieu de : *oppositions* (*des*) *aux scellés*.

Après avoir ainsi disposé les titres, j'ai fait sous chacun le sommaire de tous les articles qui le composent. On voit déjà qu'il n'a pu m'échapper rien, si ce n'est aux articles contenant différentes dispositions qu'il était impossible de réduire dans un même sommaire toujours restreint à une ligne au plus. (1)

Si je m'étais borné là, j'aurais eu une table des titres et un abrégé de chaque article, quelquefois imparfait, puisqu'il est impossible de réduire dans un sommaire aussi étroit les diverses dispositions, et souvent les différens paragraphes que renferme un même article; je n'aurais pas eu une table générale.

Pour que la table fût complète, il fallait extraire toutes les dispositions, non-seulement que ne comprennent pas les sommaires, mais que n'énonce point la rubrique du titre, pour les reporter hors de son cadre.

Ainsi, j'ai dû relever dans l'article 54, titre *de la Conciliation*, la disposition qui détermine la force de l'accord fait devant le juge de paix. En effet, je l'ai extraite et transportée au mot *accord*, où je dis que *accord* en conciliation a force d'obligation privée; et sous le sommaire de l'article 54, je renvoie au mot *accord*.

J'ai dû relever aussi dans les autres titres toutes les matières dispensées de l'épreuve de conciliation, puisque le principe général est pour l'épreuve, et porter à la suite des sommaires du titre de la conciliation toutes les exceptions qui forment supplément à l'article 49.

J'ai dû, enfin, relever les dispositions, qui ne se rap-

(1) *Nota.* Telle était la disposition du manuscrit. Pour remplir l'attente de l'Auteur, il aurait fallu donner à l'imprimé la forme de l'*in*-4°.; l'*in*-8°. nous a paru préférable.

(*Note de l'Éditeur.*)

portent pas en apparence au titre, et que n'annonce point suffisamment son intitulé, pour qu'on puisse aisément les découvrir au besoin. Il y en a qui se trouvent enveloppées dans un titre auquel elles semblent tellement étrangères, qu'elles échappent à une recherche, je ne dis pas précipitée, mais laborieuse.

Qu'on veuille, par exemple, cette disposition d'un intérêt si grand pour le moment, qui interdit aux majeurs, d'accord entre eux, de recourir au tribunal civil pour vendre des propriétés immobilières, où l'ira-t-on chercher? assurément au titre *de la Vente des Biens immeubles.* Ce n'est pas là qu'elle se trouve. Parcourez le titre *des Incidens sur la poursuite de* SAISIE IMMOBILIÈRE, vous la trouverez à l'article 746.

Je ne me permets point de mettre en question si cette disposition est bien ou mal placée là; mais j'ai dû, pour remplir mon objet, l'extraire du cadre où elle est renfermée, et la reporter le plus près possible du titre *de la* VENTE *des Biens immeubles*, où j'ai lieu de croire qu'on ira la chercher d'abord : on la trouvera donc immédiatement à la suite de ce titre.

Ces exemples font suffisamment connaître la manière dont j'ai opéré dans tous les cas semblables.

J'ai rangé par ordre alphabétique toute cette portion de l'ouvrage dont les parties sont sans liaison entre elles; et après l'avoir fondue avec les titres rangés de même, en sorte que le tout formât comme un dictionnaire du Code, j'ai distingué ces deux parties en portant les numéros des articles, savoir, pour les titres dont les articles se succèdent dans leur ordre, à l'extrémité de la ligne; et pour les extraits des titres ou des articles, immédiatement à la suite des sommaires.

J'ai ajouté à la suite du chiffre appartenant aux parties

extraites l'indication du titre, en signalant le mot principal qui peut le faire trouver dans l'ordre alphabétique, afin qu'on puisse aisément, sans recourir au texte, les retrouver dans le livre des sommaires où elles se présentent quelquefois sous une autre face, et toujours précédées et suivies des dispositions dont le législateur a fait leur escorte.

La rédaction des sommaires, quant à l'analyse, a été soignée : ce n'est point à moi de dire si elle est bonne ; mais je ne laisserai pas ignorer que je n'ai eu nullement en vue le lucre, et que je n'ai point été dès lors pressé par l'envie de devancer ceux qui pouvaient faire le même travail. J'ajoute qu'après plus de vingt années d'étude et d'application des lois, comme juge et comme avocat (1), j'ai dû mettre de l'exactitude dans la rédaction des sommaires.

La précision est une qualité essentielle au sommaire. Je me permets de donner ici une idée de celle qui se trouve dans l'ouvrage. L'article 636 dit qu'il faut un titre *authentique* et *exécutoire* pour pouvoir saisir (2) une rente. L'objet de l'analyse ne permettait pas que je conservasse dans le sommaire les deux adjectifs qu'on voit ici, et la précision voulait que j'en gardasse un. J'ai choisi le mot

---

(1) J'ai été reçu avocat au parlement de Paris en 1784. J'obtins peu après un ministère public qui n'était pas incompatible avec ma profession. Je les ai exercés ensemble jusqu'au renversement de l'ancien ordre judiciaire. Dans le nouvel ordre, j'ai rempli simultanément les fonctions de juge de paix et de juge suppléant de district pendant assez long-tems, après quoi j'ai repris ma première profession, que des circonstances domestiques m'ont fait venir exercer à Paris, où j'ai apporté les titres d'ex-grand juré à la haute-cour de Vendôme et d'ex-président de l'assemblée électorale du département de la Seine-Inférieure.

(2) L'article 636 contient l'application du principe posé par l'article 551.

exécutoire, parce qu'un titre peut être authentique sans être exécutoire ; mais il ne peut pas être exécutoire sans être authentique. A ce moyen, mon sommaire représente exactement en analyse le texte de la loi.

Quant à la conférence des matières, elle consiste dans le rapprochement, par simple citation, des articles qui ont connexité entre eux, soit que l'un offre le principe antérieur d'où l'autre dérive, soit qu'il se trouve le développement ou l'exception de la règle, soit qu'il donne seulement une explication des termes.

A la lecture de l'article 636 dont je viens de parler, ou de l'article 551 d'où il dérive, on peut se demander ce que c'est qu'un titre exécutoire. Le renvoi aux articles 545 et 146 mis sous le sommaire, répond à la question, autant que cela se peut, sans sortir du Code de procédure (1).

L'article 545 réglant que nul jugement ni acte ne peut être mis à exécution s'ils ne portent le même intitulé que les lois, et ne sont terminés par un mandement aux officiers de justice, comme le dit l'article 146 ; et l'article 146 disant que les expéditions des jugemens seront intitulées et terminées ainsi qu'il a été prescrit par l'acte des constitutions (2) de l'empire, du 28 floréal an 12, il s'en

---

(1) Le Code civil parle souvent du titre *authentique* et du titre *exécutoire*. Il ne définit pas celui-ci ; mais il explique celui-là dans son article 1317. Les explications qui se trouvent dans les deux Codes, font connaître suffisamment la nature et la différence des deux espèces de titres.

(2) Article 141. Les expéditions exécutoires des jugemens sont rédigées ainsi qu'il suit :

» N (*le prénom de l'Empereur*), par la grâce de Dieu et

suit une instruction sur la signification du mot *exécutoire*. Un jugement ou un acte est exécutoire quand il contient les formules prescrites par le sénatus-consulte organique rapporté ci-dessous. Une expédition qui ne contient pas ces formules, n'est qu'une simple copie non exécutoire, qui peut toujours être délivrée à tout requérant, sans conséquence et sans formalité (1), tandis qu'une expédition exécutoire, excepté la première, ne peut jamais être délivrée sans une autorisation (2) de justice.

L'article 456, titre de l'*Appel*, dit que l'acte d'appel contiendra assignation dans les délais de la loi, et sera signifié *à personne ou domicile*, *à peine de nullité*.

Voilà un principe général, qui peut faire penser que l'appel interjeté et signifié à un *domicile élu* est nul. Cela est vrai en thèse générale ; mais il y a exception en matières de saisies. Je renvoie à l'article 584, qui dit qu'on peut faire signification d'appel au domicile élu par le commandement préparatoire à la saisie.

Il en est de même de ce qui touche la *péremption*. L'article 399 dit qu'elle n'aura pas lieu de droit. L'article 15 offre une disposition contraire : la péremption s'acquiert

---

les Constitutions de la République, Empereur des Français, à tous présens et à venir ; SALUT :

» La cour de.... *ou* le tribunal de.... (*si c'est un tribunal* » *de première instance*), a rendu le jugement suivant :

(*Ici copier l'arrêt* ou *le jugement.*)

» Mandons et ordonnons à tous huissiers sur ce requis, de » mettre ledit jugement à exécution ; à nos procureurs-généraux » et à nos procureurs près les tribunaux de première instance, » d'y tenir la main ; à tous commandans et officiers de la force » publique de prêter main-forte lorsqu'ils en seront légalement » requis. En foi de quoi le présent jugement a été signé par le » président de la cour ou du tribunal, et par le greffier. ».

(1) Code de procédure, art. 853.

(2) *Ibid*, art. 844—854.

de plein droit devant le juge de paix. J'indique l'exception au principe sous l'article qui le renferme.

L'article 443, titre de l'*Appel*, porte que le délai pour interjeter appel, court, pour les jugemens par défaut, du jour que l'opposition n'est plus recevable. De quel jour n'est plus recevable l'opposition aux jugemens par défaut? Les articles 157 et 158 auxquels je renvoie, le font connaître. Par le premier, l'opposition à un jugement rendu contre une partie ayant *avoué*, n'est recevable que pendant la huitaine, du jour de la signification à l'avoué; par le second, au cas que la partie condamnée n'eût point d'avoué, l'opposition est recevable jusqu'à l'exécution du jugement. Voilà, par le secours des articles cités, un développement de l'article sous lequel est la citation.

L'article 1004, titre de l'*Arbitrage*, dit qu'on ne peut compromettre sur aucune des contestations qui sont sujettes à communication au ministère public. Je renvoie à l'article 83, qui indique les causes sujettes à communication.

Au sommaire de l'article 83, on ne trouve point, par la raison que j'ai dite, le détail des causes sujettes à communication; elles ne peuvent se voir qu'au texte : mais à la suite des sommaires de ce titre, je renvoie au mot *ministère public*. Là se trouvent recueillies toutes les matières, dont le ministère public doit, d'après les dispositions du Code, éparses dans ses divers titres, avoir communication ultérieurement à ce que déclare l'article 83. Voilà encore un développement bien important de cette partie de l'article 1004.

Je n'en dis pas davantage sur les rapprochemens que j'ai faits des matières du Code de procédure. Ce que j'ai fait dans les cas cités, je l'ai répété autant que m'a paru s'en présenter l'occasion. J'ai d'abord indiqué l'article auquel je renvoie, parce que c'est dans le texte qu'il faut voir

la loi quand il s'agit d'en conférer diverses dispositions, bien plutôt que dans les sommaires du texte. J'ai de plus indiqué le titre où se trouve cet article, ne voulant pas priver celui qui n'aurait sous la main que le livre des sommaires, de la lumière qu'il pourrait y trouver sans recourir au texte.

Je ne me suis pas renfermé, pour les rapprochemens, dans le Code de procédure; souvent j'ai renvoyé au Code civil (1) : il y a entre ces deux Codes une connexité telle qu'il faudra les accoler.

Le Code civil a posé les principes qui doivent régir toutes les matières dans l'ordre de choses qu'il embrasse. Le Code de procédure prescrit comment s'appliquent ces principes. L'un et l'autre non-seulement ont rempli leur objet, mais en sont sortis par une espèce de plénitude et de nécessité, qui appelle encore vers le législateur notre reconnaissance. Le premier ne s'est pas toujours restreint aux principes, quelquefois il s'est étendu à l'application; *il a cru*, comme le dit M. Berlier (2), conseiller-d'état, *devoir prendre soin d'en régler les détails :* le titre *du Divorce* en fournit un exemple qui se répète aux chapitres *de la Minorité*; *de l'Interdiction*, etc; et le second ne s'est pas toujours borné à l'application, quelquefois il s'est élevé jusqu'à la création des règles fondamentales. De-là une corrélation nécessaire, plus continuelle, et qu'il devient plus indispensable d'indiquer.

S'il y avait toujours dans les deux Codes identité ou analogie de titres, comme en matière de *cession de biens*, *de bénéfice d'inventaire*, *d'interdiction*, *d'offres de paiement*, etc., il suffirait d'indiquer en tête du titre de l'un des Codes, celui qui lui correspond dans l'autre; mais il

(1) Dans un ouvrage semblable que j'ai fait sur le Code civil, je renvoie pareillement au Code de procédure.

(2) Exposé des motifs du livre premier de la deuxième partie du projet de Code, au titre 9.

n'en est pas toujours ainsi : le plus souvent le principe développé dans le Code de procédure est enveloppé dans un des chapitres du Code civil, sans qu'on sache trop dans lequel. L'indication des dispositions qui se correspondent est donc une chose véritablement utile ; et le travail, s'il est fait avec discernement, en sera d'autant plus méritoire, qu'il ne peut appeler sur son auteur aucune illustration. Rien n'est de lui dans l'ouvrage ; tout est pris dans les tables de la loi.

Par ce qui vient d'être dit, on voit déjà comment sont faits les rapprochemens. Lorsque les titres sont les mêmes dans les deux Codes, j'ai indiqué en tête du titre du Code de procédure le titre du Code civil qui y correspond, et le premier article numériquement de ce titre.

Quand c'est une disposition isolée, j'ai indiqué seulement l'article sous le sommaire.

C'est ainsi qu'au titre *des Offres de paiement* (art. 812), je renvoie en tête à l'article 1257 du Code civil qui contient un paragraphe entier de chapitre sur la matière ; et qu'à l'article 1004, qui dit qu'on ne peut compromettre sur les questions d'état, je renvoie sous le sommaire à l'article 326 du Code civil, qui pose en principe que les questions d'état sont exclusivement du ressort des tribunaux civils ; qu'à l'article 122, titre *des jugemens*, où on lit : « Dans les cas où les tribunaux peuvent accorder des » délais pour l'exécution de leurs jugemens, ils le feront » par le jugement même, qui statuera sur la contestation » et qui énoncera les motifs du délai ». Je renvoie sous le sommaire à l'art. 1244 du Code civil, qui autorise les juges « en considération de la position du débiteur, et en usant » de ce pouvoir avec une grande réserve, à accorder des » délais modérés pour le paiement, et à surseoir l'exécu» tion des poursuites, toutes choses demeurant en état ».

C'est ainsi, enfin, que sous le sommaire de l'article 125, qui autorise les actes conservatoires, nonobstant le délai

accordé, je renvoie à l'article 1180 du Code civil, qui autorise pareillement les actes conservatoires avant l'accomplissement de la condition sous laquelle on a contracté; d'où il suit que dans tous les cas, soit que le délai vienne du juge où de la convention, en matière civile, (car le Code ne comprend pas les matières commerciales,) les actes conservatoires sont praticables par le créancier qui veut y recourir.

Je n'ai pas toujours trouvé, je ne le dissimule point, une clarté parfaite dans le texte du Code. Mon respect pour l'ouvrage et pour ses auteurs, exclut toute idée de critique; mais mon zèle pour le bien de la chose, m'a inspiré d'éclaircir, autant que je le pouvais, ce qui me semblait obscur. Là où se trouve une disposition simple, j'ai pu remplir mon objet; cela m'a été impossible dans les articles qui contiennent différentes dispositions.

Je crois, par exemple, avoir éclairci l'article 870 au titre *des Séparations de Biens*, qui porte que « l'aveu du » mari ne fera pas preuve, lors même qu'il n'y aurait pas » de créanciers ».

Cet article contient un principe de droit, qui, précédé et suivi de dispositions purement de forme, avec lesquelles il n'a nulle cohérence, laisse planer au premier coup-d'œil une grande incertitude sur l'objet du législateur.

L'aveu du mari. . . . . sur quoi? —

Ne fera pas preuve. . . . de quoi? —

J'avais pensé d'abord que le législateur avait eu en vue la dot, et qu'il ne voulait pas qu'elle fût regardée comme *en péril* (1), par cela seul que l'époux l'avouerait, lors même qu'il ne figurerait dans l'instance aucun créancier: c'était une erreur. Les termes même de l'article examiné repoussent cette idée. Il dit: *lors même qu'il n'y aurait pas de créanciers*. S'il n'y a pas de créanciers, la dot ne peut

(1) Articles 1443, 1563 du Code civil.

être en péril. Le législateur n'a donc point eu en vue la dot. Il n'a pu penser qu'aux tierces personnes, aux droits desquels pourraient attenter les époux. Il ne reste pas de doute à cet égard, en lisant la partie correspondante à la loi, du discours du conseiller-d'état qui l'a présentée.

Mais le texte demeure obscur ; et bien certainement il cesse de l'être dans le livre des sommaires.

L'aveu seul du mari ne peut faire titre à la femme au préjudice des tiers. Tel est mon sommaire ; il ne laisse plus de doute. *L'aveu. . . .* c'est évidemment d'une chose dont la femme pourrait se prévaloir. Cet aveu *seul* ne peut faire titre en ce qui touche la dot et les conventions matrimoniales, parce qu'il n'y a que le contrat de mariage qui fasse foi à cet égard. S'agit-il de conventions ultérieures ou d'avantages indépendans de ceux portés au contrat des époux ? L'aveu du mari ne peut pas avoir plus de poids : tout créancier, tout héritier, toute personne ayant un droit tel quel, peut invoquer l'article du Code civil qui interdit les dispositions entre époux. Je renvoie donc à l'article 1099 du Code civil, qui tout seul fait le commentaire du texte obscur, et l'éclaircit suffisamment dans l'état même où il se trouve au Code de procédure.

Je ne cite que cet exemple, et passe à mon autre objet, sur lequel je n'en citerai qu'un également.

Il m'a été impossible d'éclaircir, par le sommaire, les articles contenant différentes dispositions. Comment faire disparaître l'obscurité qui se trouve au n°. 1er. de l'article 1027 ? Ici, non-seulement la diversité des dispositions y fait obstacle, mais je ne puis douter qu'il n'y ait eu, ou inadvertance dans la rédaction, ou erreur de copiste, quand le travail a été mis au net. Il me semble que la négation doit être supprimée ; par elle cet article se trouve en opposition avec l'article 1009 auquel il renvoie ; sans elle tout s'accorde.

AVIS DE L'ÉDITEUR.

Nous prions le lecteur à qui le premier apperçu de cet ouvrage ferait croire que c'est une simple table des matières du Code de Procédure, de vouloir bien porter ses regards plus loin, par exemple, au mot *Ajournemens*, et d'observer là que chaque article du titre des Ajournemens est analysé dans son ordre avec intercallation des renvois qui forment la conférence annoncée dans l'*Introduction*; plus loin c'est le titre *de l'Appel*, puis le titre *des Arbitrages.* C'est ainsi que l'Auteur a passé en revue tous les titres du Code. Il faut lire l'*Introduction* pour tirer de l'ouvrage tout le parti qu'il offre à la sagacité des hommes de loi. Quant à nous, on voudra bien remarquer que nous avons eu soin d'établir une distinction marquante entre les diverses parties de l'ouvrage; la principale étant formée des titres, nous avons mis leur intitulé en gros caractères et clos la série des sommaires qui appartiennent à chacun d'eux par un trait, épais lorsqu'il ne vient rien à la suite qui en dépende, comme à la fin du titre *des Ajournemens*; léger, quand les matières qui succèdent et qui forment la deuxième partie de l'ouvrage, s'y rattachent comme à la suite du titre *de l'Appel*; après quoi vient, dans ce cas, le trait plus épais dont nous avons parlé plus haut. Tous les articles ultérieurs, qui forment une troisième partie dans l'ouvrage, extraits, comme le dit l'auteur, soit des titres, soit des articles que nous appellerions complexes, sont dans leur intitulé d'un caractère moins gros, et arrivant à un titre, se terminent par un trait tremblé. Nous avons cru entrer dans les vues de l'auteur en opérant ainsi, et faire quelque chose d'utile au lecteur en lui donnant cet avertissement.

SOMMAIRES
DU CODE DE PROCÉDURE CIVILE,
PAR ORDRE ALPHABÉTIQUE,

SANS DISJONCTION DES ARTICLES DE CHAQUE TITRE,

Avec rapprochement des matières et rappel des dispositions du Code civil d'où elles dérivent, ou qui s'y rattachent.

A.

ABSENT. (de ce qui concerne l') V. *Envoi en possession* (de quelques dispositions relatives à l') des biens d'un absent, art. 859...

ABSENS. Le juge de paix veille pour eux à l'ouverture des successions. V. art. 911, n°. 2, tit. de l'Apposition des *scellés* (1), et V. Ministère public.

ABSENS ou non présens. V. Notaires.

ACCORD fait en conciliation, a force d'obligation privée, 54, *Conciliation*.

ACTES CONSERVATOIRES sont valables nonobstant le délai accordé, art. 125, tit. des *Jugemens*.

— Nuls ou frustratoires sont à la charge des officiers ministériels, 1031, *Disposition générales*.

ACTIONS POSSESSOIRES. V. *Jugemens* (des) sur les actions possessoires, art. 23...

— Sont censées réelles, art. 3, n°. 2, tit. des *Citations*.

---

(1) Note de l'Editeur. — Toutes les fois que vous trouverez dans la matière des mots de renvoi, en caractère *italique*, semblable à ceux-ci : *scellés* (de l'Apposition des), cela vous indique qu'il faut recourir, dans cet ouvrage, aux mots imprimés en grosses capitales, comme, par exemple, ceux-ci : SCELLÉS (de l'Apposition des). Cette méthode offre encore l'avantage de vous indiquer le titre du Code de Procédure où vous pouvez voir, dans le Code même, pour votre satisfaction, le texte de la loi.

Administrateurs ne sont admis au bénéfice de cession, art. 905, tit. du Bénéfice de Cession.

— En quel cas peuvent être personnellement condamnés aux dépens, art. 132, tit. des *Jugemens*.

Administrations, où doivent être délivrées les assignations dirigées contr'elles, 69, *Ajournemens*.

Administration de communauté ou succession (de ce qui touche les difficultés sur l'), 944, de l'*Inventaire*.

Affiche de jugemens peut être ordonnée par les juges, 1036, *Dispositions générales*.

Aggressions de la part d'un juge; quand sont motif de récusation, 378, n°. 9, de la *Récusation*.

AJOURNEMENS. (des)

Des juges devant lesquels, selon la matière, le défendeur doit être ajourné. 59

(V. Code civil, art. 111.)

Demandes pour frais par officiers ministériels, se portent au tribunal où ils ont été faits. 60

(V. art. 49, n°. 5, tit. de la *Conciliation*.)

Ce que doit contenir l'ajournement, à peine de nullité. 61

Frais de déplacement d'huissier ne peuvent s'élever à plus d'une journée. 62

Nul exploit ne peut être donné à jour de fête légale sans autorisation. 63

(V. art. 1037, *Dispositions générales*.)

Ce que doit énoncer l'exploit, à peine de nullité, en matière réelle ou mixte. 64

Des copies qui doivent accompagner l'exploit. 65

Des personnes pour lesquelles il est interdit à l'huissier d'instrumenter. 66

De l'obligation d'énoncer par l'huissier le coût de l'exploit. 67

A qui doit être délivré l'exploit contre particuliers. 68

A qui doit être délivré l'exploit contre l'Empereur, les établissemens publics, etc. 69

De la nullité pour inobservation des articles 68 et 69. 70

Des peines qu'encourt l'huissier par le fait duquel l'exploit est nul. 71

(V. art. 1031, *Dispositions générales.*)

Du délai d'ajournement ordinaire dans la France continentale. 72

(1033, *Dispositions générales.*)

Du délai d'ajournement contre individus hors la France continentale. 73

Du délai d'assignation à individu domicilié hors France, délivrée à personne en France. 74

ALIMENS du débiteur arrêté, doivent être consignés d'avance par le créancier, art. 791, tit. de l'*Emprisonnement.*

ALLIANCE de partie au juge, quand est cause de récusation ou de renvoi à autre tribunal. V. *Récusation. Renvoi.*

— En ce qui touche les témoins. V. *Enquête*, 268, 83.

AMENDE pour non-comparution en conciliation, est de 10 fr., art. 56, tit. de la *Conciliation.*

— Faute par l'huissier d'énoncer le coût de son acte, est de 5 fr., art. 67, tit. des *Ajournemens.*

— Pour irrévérence envers le juge de paix, est de 10 fr., art. 10, tit. des *Audiences du juge de paix...*

— Pour fol appel de juge de paix, 5 fr., et de tous autres juges, 10 fr., art. 471, tit. de l'*Appel....*

— De jugement arbitral, est de 10 fr., art. 1025, tit. des *Arbitrages*; et 471, tit. de l'*Appel.*

AMPLIATION de grosse déposée; comment s'obtient, art. 844, tit. des *Voies à prendre pour avoir expéditions...*

APPEL (de l') ET DE L'INSTRUCTION SUR L'APPEL.

Du délai pour appeler; de quel jour il court, et de l'appel par l'intimé. 443

(157—8, des *Jugemens par défaut.*)

De la déchéance en principe, et de sa modification en faveur du mineur. 444

Des délais pour ceux qui demeurent hors la France continentale. 445

— Pour ceux qui sont absens du territoire européen pour service public. 446

De la suspension de délai par mort, et de la voie pour lui rendre cours. 447

Du délai quand le jugement est dans certains cas de la requête civile. 448

Des jugemens dont il ne peut y avoir appel dans la huïtaine. 449

De la suspension d'exécution des jugemens non exécutoires provisoirement. 450

(V. art. 155, *Jugemens* [des] *par défaut.*)

Quand peut être fait l'appel des jugemens préparatoires et interlocutoires. 451

(V. art. 31, tit. des *Jugemens* qui ne sont pas définitifs...)

Ce que c'est que jugemens préparatoires et interlocutoires. 452

De l'appel des jugemens indûment dits en dernier ressort *è contrario.* 453

Appel d'incompétence est recevable, quoique le juge ait dit en dernier ressort. 454

De la suspension de l'appel pendant le tems utile pour l'opposition. 455

Acte d'appel doit contenir assignation et être fait à personne ou domicile. 456

(584, *Saisies-Exécutions.*)

De l'effet suspensif de l'appel; des défenses et des ordonnances d'exécution provisoire. 457

De la voie pour faire ordonner l'exécution provisoire. 458

— Pour obtenir des défenses d'exécution provisoire. 459

De l'interdiction des défenses quand l'exécution provisoire est selon la loi. 460

De l'obligation de porter à l'audience toute sorte d'appels. 461

Des délais pour signifier griefs et réponse; et de la poursuite d'audience. 462

En matière sommaire, nulle procédure; ni quand l'intimé est défaillant. 463

De l'interdiction de former demandes nouvelles; et des exceptions. 464

De la manière de former demande nouvelle et de répondre. 465

Ne peut être reçu intervenant que celui qui pourrait se rendre tiers opposant. 466

Comment doivent être réduites les opinions des juges qui ne s'accordent pas. 467

Comment se vide le partage. 468

De l'effet de la péremption en cause d'appel. 469

Des règles communes aux cours et aux tribunaux inférieurs. 470

Des amendes contre les appellans qui succombent. 471

Des tribunaux auxquels est déférée l'exécution des jugemens. 472

Du droit de statuer au fond par les juges d'appel, en jugeant même l'interlocutoire. 473

— D'ordonnance sur référé, n'est recevable après quinzaine du jour de la signification, 809, *Référes.*

— De jugement sur récusation doit être fait dans les cinq jours du jugement, 392, *Récusation.*

— Sur incidens en matière de distribution de deniers, s'interjete dans les dix jours, 669, *Distribution...*

— Peut être interjeté au domicile élu dans la saisie, par le

débiteur exécuté, art. 584, tit. des *Saisies-Exécutions*.

— De jugement en vertu duquel s'exerce saisie mobilière, doit être dénoncé au greffier, 726, des *Incidens sur la..*

— Sur demande en distraction, n'est recevable après quinzaine du jour de la signification, 730, *ibid.*

— De jugement sur nullités de procédures, en matière de saisie immobilière, doit s'interjeter dans la quinzaine, 734, des *Incidens sur la poursuite de saisie...*

— Postérieures à l'adjudication provisoire, doit s'interjeter dans la huitaine, 736, *ibid.*

— En matière d'ordre, n'est recevable après les dix jours de la signification, 763, *Ordre.*

— De jugement arbitral, comment se règle, 1023, des *Arbitrages.*

— Doit être déclaré par l'avoué sur le registre du greffe, 549, *Exécution forcée..*

(V. art. 163, des *Jugemens par défaut...*)

— De jugement du juge de paix, n'est pas recevable après trois mois du jour de la signification, 16, des *Audiences du juge de paix..*

APPRÉCIATION des choses appréciables est nécessaire avant exécution sur saisie, art. 551, tit. des *Règles générales sur l'Exécution forcée des..*

APPRÉCIATIONS (des) et des visites des lieux. V. *Visites (des) des lieux*, etc.

ARBITRAGES. (des)

Du droit de compromettre par chacun, sur les droits dont il a la disposition. 1003

Des intérêts sur lesquels on ne peut compromettre. 1004

(V. art. 83, *Communication* au ministère public, 879, *Séparation* de corps, et Code civil 326.)

Des actes par lesquels peut être établi le compromis. 1005

Des choses que doit désigner le compromis, à peine de nullité. 1006

De la durée du compromis, quand il ne porte pas de délai. 1007

De ce qu'il faut pour que les arbitres puissent être révoqués. 1008

De l'obligation, par les arbitres, de suivre les formes légales, s'il n'y a dispense. 1009

De ce qui touche l'appel; et de la faculté d'y renoncer. 1010

De l'obligation, par les arbitres, d'opérer toujours en commun. 1011

Comment finit le compromis. 1012

Quid? si l'une des parties décède. 1013

Du déport et de la récusation des arbitres. 1014

Quid? s'il s'élève inscription de faux, ou incident criminel. 1015

Du tems pour produire par les parties, et de ce qui touche le jugement. 1016

De ce qui touche le partage et la nomination du tiers-arbitre. 1017

De ce qui touche le tiers-arbitre. 1018

De l'obligation, par les arbitres, de juger selon les règles du droit. 1019

Du dépôt du jugement; de l'ordonnance d'*exequatur*; et des frais. 1020

De ce qui touche l'exécution du jugement arbitral. 1021

De l'impossibilité d'opposer, à des tiers, le jugement arbitral. 1022

De la règle sur l'appel du jugement arbitral. 1023

Des règles sur l'exécution provisoire. 1024

(V. art. 135, tit. des *Jugemens.*)

De l'amende contre l'appelant qui succombe. 1025

(V. art. 471, tit. de l'*Appel....*)

De ce qui touche la requête civile contre le jugement arbitral. 1026

(V. art. 480, tit. de la *Requête civile.*)

Des ouvertures de requête civile, interdites en matière d'arbitrage. 1027

Des nullités du jugement arbitral, et de la voie pour y faire statuer. 1028

ARRÉRAGES DE RENTES, (demande en paiement d') est matière sommaire, art. 404, tit. des *Matières sommaires.*

—— Est dispensée du préliminaire de conciliation, 49, tit. de la *Conciliation.*

— Echus depuis l'action, peuvent être demandés en cour d'appel, 464, tit. de l'*Appel.*

(V. Code civil, art. 584, 6, 1155, 2277.)

ASSIGNATIONS. V. *Ajournement*, 59.... et *Citation* 1....

AUDIENCES (des) DU JUGE DE PAIX ET DE LA COMPARUTION DES PARTIES.

Des droits et des obligations du juge, relativement aux audiences. 8

De ce qui touche la comparution des parties; et de l'interdiction de signifier défenses. 9

Du respect dû à justice, et des voies de répression des écarts. 10

(V. 88, tit. des *Audiences, de leur publicité..*)

De la répression en cas d'irrévérence grave. 11

De l'exécution provisoire des jugemens de police d'audience. 12

De l'audition des parties; et de ce qui touche le jugement. 13

Quid? s'il y a déni d'écriture, ou s'il s'agit d'inscription en faux. 14

(V. art. 193, tit. de la *Vérification des écritures.*)

De la péremption d'instance, et de la responsabilité du juge en ce cas. 15

Du délai pour rappeler. 16

(V. art. 443 de l'*Appel.*)

De l'exécution provisoire des jugemens, avec ou sans caution. 17

De l'obligation de faire la minute du jugement sur la feuille d'audience. 18

(V. 138 des *Jugemens.*)

AUDIENCES, (des) DE LEUR PUBLICITÉ ET DE LEUR POLICE (en géneral).

De la faculté que les parties ont de se défendre elles-mêmes. 85

Des personnes que les parties ne peuvent charger de leur défense. 86

De la publicité des audiences, et des exceptions à cette règle. 87

Du respect et du silence à observer dans les audiences. 88

(V. art. 10, tit. des *Audiences du juge de paix.*)

Des moyens coercitifs contre les individus qui troubleraient l'audience. 89

— Contre ceux qui remplissent une fonction près le tribunal. 90

De la répression des outrages aux juges ou officiers de justice. 91

Quid? au cas que le délit mérite peine afflictive ou infamante. 92

AUTORISATION DE LA FEMME MARIÉE.

Comment doit procéder la femme pour se faire autoriser à poursuivre ses droits. 861
(V. Code civil, art. 219.)

De ce qui touche le jugement d'autorisation. 862

Des formes, en cas d'absence du mari. 863
(V. Code civil, art. 222.)

— Au cas d'interdiction de l'époux. 864

— Pour procéder à fin de séparation de corps, comment s'accorde, 878, *Séparation de corps....*

AVIS (des) DE PARENS. (V. Code civil, art. 405.... et 446....)

De ce qui touche la notification au tuteur non présent, de son acte de nomination. 882
(V. Code civil, art. 439.)

De ce qui touche la rédaction du procès-verbal, et de l'opposition à la délibération. 883

La cause, en matière d'opposition, est sommaire. 884
(V. art. 49, nº. 7, *Conciliation.*)

De la communication au ministère public, avant homologation. 885

Des conclusions du procureur impérial, et de la minute de jugement. 886
(V. art. 83, nº. 6, de la *Communication au ministère public.*)

Quid? si le tuteur est morosif de poursuivre l'homologation. 887

De l'opposition à l'homologation ou au jugement homologatif. 888

Les jugemens, sur les délibérations de conseil de famille, sont sujets à l'appel. 889

AVOCAT, en quel cas peut être appelé à faire les fonctions de juge, 118, *Jugemens.* (des)

AVOCATS, *anciens*, en quel cas leur avis est nécessaire, art. 495, tit. de la *Requête civile.*

(V. *Jurisconsulte* et Code civil, art. 467.)

AVOUÉS, doivent déclarer, au bas de leurs écritures, le nombre de Rôles, 104, *Delibérés.*

— En quels cas sont exposés à des condamnations personnelles, 107, *ibid.* 132, tit. des *Jugemens*; 1031 *Dispositions genérales.*

— Peuvent demander distraction des dépens à leur profit, 133, *Jugemens.*

— Sont tenus d'occuper sur l'exécution des jugemens rendus par leur ministère, 1038, *Dispositions générales.*

— Des avantages de l'ancien en concours avec plus jeunes, 529, *Reddition de comptes*; 661, 7, *Distribution par contribution*; 719, des *Incidens sur la poursuite de saisie...* 932, de la Levée du *scellé*; 994, *Bénéfice d'inventaire.*

(V. Code civil, art. 1597.)

B

BACS. V. Barques.

BAGUES ET JOYAUX de prix ne peuvent être vendus sur saisie, sans estimation préalable, 621, tit. des *Saisies-exécutions.*

BANQUEROUTIER ne peut être admis au bénéfice de cession, 905, tit. du Bénéfice de *cession.*

BARQUES. De ce qui touche leur saisie et adjudication, 620, *Saisies-exécutions.*

(V. Code civil, art. 531.)

BATEAUX. V. Barques.

BÉNÉFICE (du) de cession. V. *Cession.* (du bénéfice de)

BÉNÉFICE (du) D'INVENTAIRE. (V. Code civil, art. 793...)

De la forme pour être autorisé à vendre le mobilier, et pour sa vente. 986

(V. art. 945, tit. de la *Vente du mobilier.*)

— Les immeubles, et parvenir à l'estimation préalable. 987

Du rapport d'expert, du jugement d'autorisation, et des formes pour la vente. 988

(V. art. 966.... tit. des *Partages....*)

Des formalités pour la vente des rentes, et de la peine pour inobservation des formes. 989

(V. art. 636.... de la *Saisie des rentes....*)

De ce qui touche la distribution du prix du mobilier vendu. 990

(V. art. 656, tit. de la *Distribution par contribution.*)

— Du prix de la vente des immeubles. 991

(V. Code civil, art. 2103.)

De ce qui touche la caution à donner par l'héritier bénéficiaire. 992

Du délai et de la forme pour présenter caution. 993

(V. 518, tit. des *Réceptions de caution.*)

De la représentation des créanciers à la contestation de caution. 994

Des formalités pour la reddition du compte de bénéfice d'inventaire. 995

(V. 527, tit. des *Redditions de comptes.*)

De ce qui touche les actions que l'héritier bénéficiaire serait dans le cas d'intenter. 996

(V. Code civil, art. 812.)

BORDEREAUX de collocation dans un ordre, sont titres exécutoires. V. 771, *Ordre.*

BORNES, (au cas de déplacement de) le juge peut se transporter sur le lieu, 38, *Enquêtes.* (Justice de paix.)

C

CAHIER DE CHARGES. Ce qu'il doit contenir en matière de saisie de rente, art. 643, tit. de la *Saisie des rentes....*

— — En matière de saisie immobilière, 697, *Saisie immobilière.*

— — En matière de vente d'immeubles en justice, 958, tit. de la *Vente des biens immeubles.*

CASSATION (recours en) n'est admis que contre les jugemens des tribunaux, 1028, *Arbitrages.*

— En quel cas la contrariété de jugemens y donne lieu, 505, *Requête civile.*

CAUTION (de la) à fournir par les étrangers. V. *Exceptions*, (des) 166, 7. V. art. 423, *Tribunaux* de commerce, et Code civil, art. 16.

— (des réceptions de). V. *Réceptions* (des) de cautions, 517....

— De ce qui touche la caution en matière de commerce. V. art. 440, tit. des Procédures devant les *Tribunaux de commerce.*

CÉLÉRITÉ (demande qui requiert) est dispensée de l'épreuve de conciliation, 49, *Conciliation.*

(V. *Provisoires.* (demandes)

CESSION. (du bénéfice de) (V. Code civil, art. 1265...)

Du dépôt des bilan, livres et titres actifs. 898

Le débiteur se pourvoit devant le tribunal de son domicile. 899

(V. Code civil, art. 102...)

De la communication au ministère public, et de la suspension de poursuites. 900

De l'obligation de réitérer la déclaration de cession. 901

De la voie pour faire faire déclaration par le débiteur détenu. 902

De l'exposition des noms du débiteur dans les tableaux publics. 903

De ce qui touche la vente des biens du débiteur. 904

(V. art. 987, *Bénéfice* d'inventaire, et 966... *Partages...*)

Des individus exclus du bénéfice de cession. 905

(V. Code civil, art. 1945.)

Le code de procédure n'innove, ni ne préjuge rien en matière de commerce. 906

CHALOUPES. V. Barques.

CHANGEMENT D'ÉTAT des parties n'empêche la continuation des procédures, art. 345, tit. des *Reprises d'instances...*

CITATIONS. (des) (En justice de paix.)

De la substance des citations. 1

Les matières purement personnelles ou mobilières se portent devant le juge du défendeur. 2

Des cas où il faut citer devant le juge de l'objet litigieux. 3

(64, *Ajournement.*)

Par qui et à qui doit être notifiée la citation. 4

Des délais. (V. art. 1033. *Dispositions générales...*) 5

De la faculté qu'a le juge d'abréger les délais en cas d'urgence. 6

(417, *Tribunaux* de commerce.)

— Que toutes personnes ont de se présenter volontairement pour être jugées. 7

COLLATION de copie sur minutes, par qui se fait, en cas de difficulté, avec l'officier dépositaire, art. 852, tit. des Voies à prendre pour avoir *expédition...*

COMMANDEMENT PRÉALABLE est nécessaire pour la saisie-exécution, 583. *Saisie-Exécution.*

— Pour la saisie des fruits, 626. *Saisie-brandon.*

— Pour la saisie d'une rente, 636. *Saisie des rentes.*

— Pour la saisie immobilière, 673. *Saisie immobilière.* (V. Code civil, art. 2217.)

— Pour pouvoir exercer la contrainte par corps, 780. *Emprisonnement.*

— Pour saisir les meubles du locataire, 819. *Saisie-gagerie.*

COMMERCE. (procédure devant les tribunaux de) V. *Tribunaux* de commerce, 414...

— Les demandes qui les concernent ne vont point en conciliation, 49, n°. 4. *Conciliation.*

COMMINATOIRE. (nulle disposition du Code n'est) V. art. 1029. *Dispositions générales.*

COMMISSAIRES-PRISEURS sont responsables du prix des adjudications, 625, tit. des *Saisies-exécutions.*

COMMUNES sont dispensées du préliminaire de la Conciliation, 49, tit. de la *Conciliation.*

— Doivent être assignées en la personne ou au domicile du maire, 69, *Ajournemens.*

— Doivent en demandant se conformer aux lois administratives, 1032, *Dispositions générales.*

COMMUNICATION (de la) des pièces. V. *Exceptions*, (des) 188.

COMMUNICATION (de la) AU MINISTÈRE PUBLIC.

Des causes qui doivent être communiquées. 83

Comment est suppléé le procureur-impérial ou son substitut absent. 84

(V. *Ministère public.*)

Comparution (de la) devant le juge de paix. V. *Audiences* (des) du juge de paix, 8...

Compensation peut être opposée même en cause d'appel, 464, tit. de l'*Appel*...

(V. Code civil, art. 1289...)

Compromis. V. *Arbitrages* (des), 1003...

Comptables ne sont admis au bénéfice de cession, 905, du Bénéfice de *cession*.

Comptes. (des redditions de) V. *Redditions* (des) de comptes, 527...

Compulsoire, (de ce qui touche la demande à fin de) 847, des voies à prendre pour avoir *Expédition*...

CONCILIATION. (de la)

De la nécessité de l'épreuve, en général, pour toute demande principale. 48

Des demandes dispensées de l'épreuve de conciliation. 49

Du juge devant lequel doit être portée la demande. 50

Le délai de la citation est de trois jours au moins. 51

(1033, *Dispositions générales.*)

Par qui doit être faite la citation, et ce qu'il faut qu'elle énonce. 52

De la comparution. 53

Du procès-verbal et de sa force entre les parties. 54

(V. Accord.)

Du serment décisoire. (V. Code civil, art. 1358.) 55

Le non-comparant est soumis à une amende de 10 fr. 56

Ce qu'il faut pour que la citation interrompe prescription, etc. 57
(V. Code civil, 1153, 4, 1652, 2245.)

Il ne se dresse pas de procès-verbal de la non-comparution. 58

— Sont dispensés ultérieurement de l'épreuve, les opposans à délibération de famille. 883, des *Avis de parens*.

— Les époux en ce qui touche les séparations, 878. *Séparation de corps*; 865, *Séparation de biens*.

— Les demandes à fin de délivrance d'expédition d'acte, 839; *Expédition*. (des voies, etc.)

— Les demandeurs en rectification d'actes de l'état civil, 856, *Expédition*...

— Les incidens à poursuite de saisie immobilière, 718, des *Incidens*...

— Les créanciers intervenant aux séparations civiles, 871, *Séparation de biens*.

Concussion de la part d'un juge est cause de prise à partie, art. 505, tit. de la *Prise à partie*.

Conservateur des hypothèques. De ses obligations dans les cas de saisie immobilière. V. art. 677, tit. de la *Saisie immobilière*.

— Quand doit décharger d'office l'inscription, 773, de l'*Ordre*.

— Quand doit rayer l'inscription faite d'office, 774, *ibid*.

Consignation de deniers de vente, quand doit avoir lieu. V. art. 657, tit. de la *Distribution par contribution*.

Consignation. (de la) V. *Offres* (des) de paiement et de la consignation, 812.

CONSTITUTION D'AVOUÉS ET DÉFENSES.

Du délai et de la voie pour constituer avoué. 75

De la voie pour constituer avoué sur demande formée à bref délai. 76

Du délai pour signifier défenses et de la communication des pièces. 77
(V. 154 des *Jugemens par défaut...*) (V. 189, *Exceptions.*)

— Pour signifier réponse aux défenses. 78

De la poursuite d'audience par le demandeur, faute de défenses. 79

— Par la partie la plus diligente, après le délai, pour répondre. 80

Aucunes écritures, autres que défenses et réponses, n'entrent en taxe. 81

Du rejet de taxe des doubles sommations d'audiences pour un même objet. 82

CONSTITUTION DE NOUVEL AVOUÉ. V. *Reprises* (des) d'instance, etc., 342...

CONTRAINTE PAR CORPS. Des cas où il est laissé à l'arbitrage des juges de la prononcer, 126, tit. des *Jugemens.*
(V. Code civil, art. 2059...)

— Pour objet susceptible de liquidation, demeure suspendue, 552, *Exécution* (règles générales sur l') *forcée*, etc.

— A lieu contre le fol-enchérisseur, 744, *Saisie-immobilière.* (des incidens sur la)

CONTRAVENTION à la loi par officier ministériel, peut être punie, 1030, *Dispositions générales.*

CONTRIBUTION entre créanciers. V. *Distribution* (de la) par contribution, 656...

COPIE-D'ACTE; des voies pour l'obtenir. V. *Expédition.* (des voies à prendre pour avoir)
(V. Code civil, art. 1334...)

COUCHER d'un saisi est objet insaisissable. V. art. 592, n°. 2, tit. des *Saisies-Executions*.

CRÉANCIER peut prendre inscription au droit de son débiteur, 778, *Ordre*.

(Code civil, art. 1166.)

— Ayant titre exécutoire ou autorisation du juge, peut requérir apposition de scellés après décès, 909, tit. de l'Apposition des *scellés*.

— Quel qu'il soit, du saisi, ne peut faire opposition que sur les deniers de la vente, 609, tit. des *Saisies-exécutions*.

— Comment peut saisir les effets de son débiteur forain, 822, *Propriétaires*. (du droit des) V. Actes conservatoires.

CURATELLES ; tout ce qui les intéresse est dispensé de l'épreuve de conciliation, 49, n°. 7, *Conciliation*.

CURATEUR (du) A UNE SUCCESSION VACANTE. (V. Code civil, art. 811...)

Quand succession est réputée vacante, et comment est pourvue de curateur. 998

De la préférence s'il y a concurrence entre plusieurs curateurs. 999

Des premières obligations du curateur et de la vente du mobilier. 1000

(941, *Inventaire*. 945, *Vente*; 583, *Saisies-exec.*)

Des formalités pour la vente des immeubles et des rentes. 1001

(V. art. 987, 8, *Bénéfice d'inv.*; 643, de la *Saisie des rentes.*)

— Pour le mode d'administration et le compte. 1002

(V. art. 527, des *Redditions de comptes.*)

— Ayant compromis l'intérêt de la curatelle, est soumis à condamnation personnelle, 132, *Jugemens*.

— Au bénéfice d'inventaire. Comment se nomme, 996, *Bénéfice d'inventaire*.

D.

DÉBATS, SOUTÈNEMENS ET RÉPONSE, se font dans le procès-verbal du juge-commissaire, 538, des *Redditions de comptes*.

DÉBITEUR-FORAIN. En quel cas ses effets peuvent être saisis par son créancier, 822, *Saisie-Gagerie*.

DÉCLINATOIRE. V. *Exceptions*, (des) 168...., et Incompétence.

DÉFAUT (des jugemens par) ET DES OPPOSITIONS A CES JUGEMENS, [en ce qui touche la justice de paix.]

La partie assignée ne comparaissant pas, il y a lieu à défaut. 19

Opposition peut être faite dans les trois jours de la signification du jugement. 20

(V. art. 1033, *Dispositions générales.*)

De la faculté qu'a le juge de proroger le délai d'opposition et de relever du délai. 21

Le deuxième défaut est définitif. 22

(165, des *Jugemens par défaut...*)

DÉFAUTS (les) ne peuvent être signifiés que par huissiers-commis, 153, 6, des *Jugemens par défaut*. V. Signification de jugement...., et 350 des *Reprises d'instances...*

DÉFENSES. (constitution d'avoués et) V. *Constitution....* 77...

— ET RÉPONSES forment toute l'instruction en première instance, art. 77, 78 et 81, *Constitution d'avoués*.

(V. griefs.)

— Le défendeur n'est pas obligé de produire pour faire juger, 154, *jugemens par défaut*.

— D'EXÉCUTION PROVISOIRE. Comment s'obtiennent, 459, *Appel*.

— Ne

— Ne peuvent être accordées, si l'exécution provisoire est selon la loi, 460, *ibid.*

DÉFENSEURS. V. Avocats et Code civil, art. 1597.

DÉGRADATIONS (l'action en) par le propriétaire, est censée réelle 3, n°. 4, *Citations.*

DÉLAI DE CITATION ordinaire est d'un jour franc, 5, *Citations.*

— EN CONCILIATION est de trois jours francs, 51, *Conciliation.*

— D'AJOURNEMENT ordinaire est de huitaine, 72, *Ajournemens.*

— Est de trois jours en matière de reconnaissance d'écritures, 193, *Vérification...*

— Est d'un jour franc en matière de commerce, 416, *Tribunaux de commerce.*

— Pour appeler garant, est de huitaine, 175, *Exceptions.*

— Pour faire inventaire et délibérer, est de 3 mois et 40 jours, 174, *ibid.*

DÉLAIS. Comment se comptent les délais, 1033, *Dispositions générales.*

— A débiteur. A cet égard, V. 122 et suiv., *Jugemens*; (des) et Code civil, art. 1244.

DÉLIBÉRÉS (des) ET INSTRUCTIONS PAR ÉCRIT.

De la faculté d'ordonner par les juges, délibéré et jugement sur rapport. 93

Le jugement qui ordonne délibéré ne s'expédie point. 94

De la faculté d'ordonner une instruction par écrit et un rapport. 95

De la signification du jugement, et des délais pour signifier moyens et produire. 96

Des délais pour, par le défendeur, faire réponse et produire. 97

Du délai pour répondre aux défenses, par le demandeur qui n'a pas produit. 98

Quid? si le défendeur n'a pas produit. 99

— Si les défendeurs ne prennent communication dans les délais fixés. 100

— Si le demandeur ne produit pas. 101

Comment se fait production de pièces nouvelles. 102

Du délai pour répondre à la nouvelle production. 103

De l'obligation de déclarer le nombre des rôles au bas de toute pièce d'écriture. 104

Il n'est passé en taxe que les écritures et significations selon la loi. 105

Des récépissés à donner au greffe par les avoués, lors des communications. 106

Des moyens coactifs pour faire rétablir les productions. 107
(V. art. 191, *Communication.*)

Du registre de productions au greffe. 108

De la remise des pièces au rapporteur. 109

Comment se fait la nomination d'un autre rapporteur. 110

Comment se fait le rapport; et de la défense ultérieure. 111

Des Conclusious du ministère public. 112
(V. art. 83. *Communication au minist. pub.*)

Point d'opposition à jugement rendu sur production d'une partie seule. 113

Comment le rapporteur est déchargé des pièces remises au greffe. 114

Comment le greffier est déchargé des pièces rendues aux avoués. 115

Demandes incidentes (des) V. *Incidens*, (des) 337.

— nouvelles. Ne peuvent être élevées en cause d'appel, 464, *Appel.*

DÉNI DE JUSTICE. Ce que c'est et comment se constate, 506 et 507, *Prise à partie.*

(V. Code civil, art. 4.)

DÉPENS ET FRAIS. (de la liquidation des) V. *Liquidation* (de la) des, etc. 543.

— Sont la peine du mauvais plaideur, 130, *jugemens.*

— En quels cas peuvent être compensés, 131. *Ibid.*

DÉPENSES COMMUNES, à quoi sont restreintes dans les comptes, 532. *Redditions de comptes.*

DÉPORT et récusation d'arbitres, quand peut avoir lieu, 1014 *Arbitrages.*

DÉPOSITAIRE n'est admis au bénéfice de cession, 905. *Cession.*

— De registres publics est tenu d'en délivrer copie à tout requérant, 853. *Expédition.*

(V. Code civil, art. 51.)

DÉSAVEU. (du)

Des choses qui ne peuvent être faites sans pouvoir spécial, à peine de désaveu. 352

Comment se fait le désaveu. 353

— Dans le cours d'une instance. 354

— Si l'avoué n'exerce plus ou est décédé. 355

Du tribunal où doit être portée l'instance en désaveu. 356

Du sursis de l'instance principale, pendant l'instance en désaveu. 357

En quel cas le tribunal du défendeur en désaveu doit être suivi. 358

De la nécessité du ministère public. 359

Quid ? si le désaveu est jugé valable. 360

— Si le désaveu est rejeté. 361

En quel cas le désaveu n'est pas recevable. 362

Désaveu (demande en) n'est pas sujette à l'épreuve de conciliation , 49 , n°. 7. *Conciliation.*

DESCENTES (des) sur les lieux.

De la faculté d'ordonner, par les juges, une descente sur les lieux , — Exception. 295

Le jugement commet un des juges qui y ont assisté. 296

De l'ordonnance du commissaire et de sa signification. 297

De la manière de constater les jours employés à la descente. 298

De la signification du procès-verbal de descente et de la poursuite d'audience. 299

Du ministère public. 300

De l'avance et de la consignation des frais de transport. 301

DÉSISTEMENT. (du)

Comment se fait le désistement. 402

Des effets du désistement accepté. 403

Dilatoires. (exceptions) V. *Exceptions* , 174.

Directeur de jury peut accorder sauf-conduit , 782. *Emprisonnement.*

Directions de créanciers. V. *Unions.*

DISPOSITIONS GÉNÉRALES.

Dans les dispositions pénales du Code , rien n'est comminatoire. 1029

Il n'y a de nullité que celles exprimées par la loi. 1030

Des peines auxquelles sont exposés les officiers ministériels. 1031

De l'obligation, par les communes, etc., de se conformer aux lois administratives. 1032

De la manière de compter les délais et de leur augmentation, à raison de la distance. 1033

Des sommations et assignations qui ne se réitèrent point. 1034

Des opérations judiciaires pour lesquelles il peut y avoir délégation. 1035

Du droit coërcitif des juges contres les parties litigantes. 1036

Des jours et heures où il est interdit de faire significations et exécutions. 1037

Quand les avoués sont obligés d'occuper sur l'exécution des jugemens. 1038

Du *visa* des significations faites à personnes publiques. 1039

Où doivent êtres faits les actes du ministère du juge. 1040

De l'abrogation des lois anciennes, relativement à la procédure. 1041

Des règlemens et de la loi concernant la taxe des frais. 1042

DISTRACTION (des demandes en) dans la saisie immobilière, 727.... tit. des *Incidens* sur la poursuite de Saisie immobilière.

— De dépens, quand peut être demandée, 133. *Jugemens*.

DISTRIBUTION (de la) PAR CONTRIBUTION. [V. Code civil, art. 2093.]

Du délai pour convenir de la contribution. 656

De la consignation en cas de non-accord sur la contribution. 657

Du registre des contributions à tenir au greffe. 658

De la sommation de produire, et de prendre communication par le saisi. 659

Du délai pour produire et constituer avoués par les créanciers. 660

De la faculté d'anticiper, par le propriétaire, pour ses loyers. 661

Du privilége pour les loyers et pour les frais de la distribution. 662

(V. Code civil, art. 2102.)

De l'état de distribution et de la sommation de contredire. 663

De la forclusion. 664

De la clôture du procès-verbal, s'il ne s'élève pas de contestation. 665

Du renvoi des difficultés à l'audience. 666

Des parties qui sont en cause sur la contestation. 667

Du jugement de l'incident. 668

De l'appel du jugement sur l'incident. 669

De la clôture du procès-verbal de distribution. 670

De la délivrance des mandemens aux créanciers. 671

De quel jour cessent de courir les intérêts. 672

Divorce (du) et de la séparation de corps. V. *Séparation de corps*, 881.

— Ne peut être mis en arbitrage, 1004. *Arbitrage.*

Dol, de la part d'un juge, est motif de prise à partie, 505. *Prise à partie.*

— Fait ouverture à la requête civile, 480, n°. 1. *Requête civile.*

Domestiques, appelés comme témoins, sont reprochables, 283. *Enquêtes.*

(V. Code civil, art. 251.)

— Peuvent requérir l'apposition des scellés après décès, 909. *Scelles.* (de l'Apposition des)

Dommages-intérêts. (de la liquidation des) V. *Liquidation* (de la) des, etc., 523....

— Au-dessus de 300 fr. peuvent emporter contrainte par corps, 126. *Jugemens.*

— Comment se règlent, 128. *Ibid.*

— Pour préjudice, depuis le jugement, peuvent se demander en cour d'appel, 464. *Appel.*

E

Ecrou du débiteur emprisonné. Ce qu'il doit énoncer. V. art. 789, *Emprisonnement.*

Elargissement. V. *Emprisonnement.*

EMPEREUR (l') ne peut être assigné qu'en la personne du procureur-impérial, 69. *Ajournemens.*

EMPRISONNEMENT. (de l') [V. Code civil, art. 2059....]

Des formalités préalables à l'exécution de la contrainte par corps. . 780

(V. art. 556. *Exécutions.*)

Des jours, lieux et heures où l'on ne peut être arrêté pour dettes civiles. 781

Des cas où le débiteur peut obtenir sauf-conduit. 782

Du procès-verbal d'emprisonnement; et de la nécessité des recors. 783

Le commandement suranné doit être renouvelé par huissier commis. 784

Des voies répressives ouvertes à l'huissier en cas de rébellion. 785

(V. art. 555. *Exécution forcée.*)

Du référé requis par le débiteur. 786

De l'ordonnance sur référé et de son exécution. 787

De la prison où doit être conduit le débiteur. 788

De l'écrou du débiteur. 789

Ce que doit faire le gardien ou geolier à l'arrivée du débiteur. 790

De l'obligation de consigner les alimens ; et s'ils peuvent être retirés. 791

Du droit de recommander le détenu. 792

Des formalités pour la recommandation ; et de ce qui touche les alimens. 793

Des juges devant lesquels se porte la demande en nullité de l'emprisonnement. 794

De l'urgence en matière de nullité d'emprisonnement. 795

(49, n. 5. *Conciliation.*)

Nullité d'emprisonnement n'emporte pas nullité de recommandation. 796

De l'arrestation ultérieure après l'élargissement du détenu. 797

Du moyen, par le détenu, de se faire élargir incontinent. 798

Il y a lieu à dommages-intérêts pour nullité d'emprisonnement. 799

Dans quels cas et par quels moyens s'obtient l'élargissement. 800

Par quelles voies se donne le consentement à la sortie du débiteur. 801

De ce qui touche la consignation de la dette entre les mains du geolier. 802

De ce qui touche l'élargissement, faute de consignation d'alimens. 803

De l'emprisonnement ultérieur après élargissement, faute d'alimens. 804

De l'urgence en matière d'élargissement; et du tribunal compétent. 805

(V. art. 49, n°. 5. *Conciliation*, et mise en liberté.)

Emprisonnement pour dette civile ne peut s'effectuer sans pouvoir spécial, 556, *Exécution*...

Enchères. Surenchères. V. *Saisie immobilière*, art. 707... et Surenchère sur aliénation volontaire, 832...

ENQUÊTES (des) [en justice de paix.]

Du cas d'enquête et de l'obligation par le juge d'en préciser l'objet. 34

Des déclarations préliminaires aux dépositions, et du serment des témoins. 35

De l'audition des témoins et de la proposition des reproches. 36

(V. art. 270—82, *Enquêtes devant*...)

Des interpellations aux témoins. 37

De la faculté d'ordonner par le juge accession de lieu, et d'y entendre les témoins. 38

Du procès-verbal d'enquête, s'il y a lieu à appel, et du jugement. 39

De ce que doit contenir le jugement en dernier ressort, au lieu du procès-verbal d'enquête. 40

ENQUETES (des) [devant les juges inferieurs.]

Comment sont articulés, et niés ou reconnus les faits à prouver. 252

De ce qu'il faut pour que la preuve puisse être ordonnée. 253

De la faculté d'ordonner d'office, par les juges, la preuve de faits ultérieurs. 254

De ce que doit ou peut contenir le jugement tendant à l'enquête. 255

De la preuve contraire et de l'exécution du jugement. 256

Quand doit être commencée l'enquête dans le lieu du jugement. 257

—A plus de trois myriamètres du lieu. 258

De quel instant l'enquête est censée commencée. 259

De ce qui touche les assignations à témoins. 260

De ce qui touche l'assignation à la partie défendeur. 261

De l'audition des témoins et des déclarations préalables à la déposition. 262

Des voies coactives contre les témoins défaillans. 263

— Qui feraient défaut une seconde fois. 264

De la décharge en faveur du témoin qui n'a pu se présenter. 265

Quid? si le témoin est trop éloigné ou dans l'impossibilité de se présenter. 266

De la remise si tous les témoins n'ont pu être entendus le même jour. 267

Des personnes qui ne peuvent être assignés comme témoins. 268

De ce que doivent contenir les procès-verbaux d'enquête à peine de nullité. 269

De ce qui touche les reproches. 270

De ce qui touche la manière de faire et de recueillir la déposition. 271

Des changemens et additions à la déposition. 272

De ce qui touche les interpellations au témoin par le juge. 273

Des mentions nécessaires à faire et des signatures à chaque déposition. 274

— Et des signatures à la fin du procès-verbal. 275
De ce qui touche les interpellations au témoin par la partie. 276
De la taxe. 277
De l'obligation de parachever l'enquête dans la huitaine. 278
De la faculté de proroger par le tribunal le délai de l'enquête. 279
Comment est requise est ordonnée la prorogation de délai. 280
De ce qui touche le nombre des témoins sur un même fait. 281
Nul reproche après déposition n'est admissible s'il n'est justifié par écrit. 282
Des témoins qui peuvent être reprochés. 283
Le témoin reproché est néanmoins entendu. 284
L'individu âgé de moins de 15 ans peut être entendu. 285
De la signification de l'enquête et de la poursuite d'audience. 286
Les reproches se jugent sommairement. 287
De la faculté de statuer sur le fond et sur les reproches simultanément. 288
De l'obligation de prouver les reproches. 289
De ce qui touche l'enquête sur les reproches, et des reproches sur cette enquête. 290
(V. art. 407, *Matières sommaires.*)
Le reproche étant admis, la déposition ne se lit point. 291
De ce qui touche la nullité par la faute du juge-commissaire. 292
— Par la faute de l'avoué ou de l'huissier. 293
Nullité de déposition n'entraine point nullité d'enquête. 294

Enquêtes (des) sommaires. V. *Matières sommaires*, 407...

Enregistrement. (frais d') En quel cas sont à la charge du demandeur, 193, *Vérification d'écritures*.

ENVOI EN POSSESSION (de quelques dispositions relatives à l') DES BIENS D'UN ABSENT.

De la forme pour pourvoir à l'administration des biens d'un absent. 859

(V. Code civil, art. 112...)

— Pour faire ordonner l'envoi en possession provisoire. 860

Equipemens militaires à l'usage du saisi sont insaisissables, Exception, 593, 3, *Saisies-Exécutions*.

Erreurs de comptes. Comment se réparent, 541, des *Redditions de comptes*.

Escroc condamné est exclus du bénéfice de cession, 905, *Cession*.

Etablissemens publics où doivent être délivrées les assignations contre eux, 69, *Ajournemens*.

— Sont dispensés de l'épreuve de conciliation, 49, *Conciliation*.

— Sont tenus, pour intenter action, de se conformer aux lois administratives, 1032, *Dispositions générales*.

(V. Code civil, 1712, 2227.)

Etat (questions d') ne peuvent être mises en arbitrages, 1004, *Arbitrages*.

(V. Code civil, art. 326.)

— Où doivent être délivrées les assignations contre l'état, 69, *Ajournemens*.

Sont dispensées de l'épreuve de conciliation les demandes qui l'intéressent, 49, *Conciliation*.

— Doivent être communiquées au ministère public toutes demandes qui l'intéressent, 83, *Communication* (de la) *au ministère public.*

— Une affaire est en *état* quand la plaidoirie est commencée, 343, *Reprises d'instances.* V. Plaidoiries.

— (Changement d') n'empêche pas continuation de procédures, 345, *Reprises d'instances.*

Etrangers. Quand sont tenus, en demandant, de donner caution, 166, *Exceptions.*

— Ne sont point admis au bénéfice de cession, 905, *Cession.*

EXCEPTIONS. (des)

§ Ier.

De la caution à fournir par les étrangers.

Tout étranger, demandeur principal, ou intervenant, peut être forcé de donner caution. 166

(V. Code civil, art. 16. Ici 423, *Tribunaux* de commerce.)

Du *quantum* de caution, et des moyens pour être dispensé de la caution. 167

§ II.

Des Renvois.

De la faculté de demander son renvoi, si le tribunal est incompétent. 168

De l'obligation de demander le renvoi avant toute exception et défense. 169

L'incompétence, à raison de la matière, peut se proposer en tout état de cause. 170

Du renvoi pour cause de litispendance ou de connexité. 171

La demande en renvoi se juge sommairement avant le principal. 172

§ III.

Des Nullités.

Toute nullité se couvre par les défenses, excepté en cas d'incompétence. 173

(V. art. 170 ci-dessus, et 1030, *Disp. générales.*)

§ IV.

Des Exceptions dilatoires.

Des délais pour faire inventaire et pour délibérer. 174

(V. Code civil, art. 795.)

— En matière de garantie. 175

— Pour appeler en sous-garantie. 176

Le délai pour faire inventaire suspend celui pour appeler garant. 177

Nul privilége contre le délai, sauf les poursuites contre le garant. 178

Quid? si le délai de la demande en garantie n'échoit avec celui de la demande principale. 179

Du jugement de l'incident sur la nécessité d'appeler garant. 180

Devant quels juges on doit procéder aux fins de la garantie. 181

De ce que peut faire le garant en matière de garantie formelle. 182

— En matière de garantie simple. 183

Quid? si les demandes principales et en garantie sont en état ensemble. 184

De l'exécution du jugement de garantie, des dépens et des dommages-intérêts. 185

De l'obligation de proposer, conjointement et avant défenses, toute exception dilatoire. 186

L'exception du délai pour faire inventaire suspend toute autre exception. 187

EXÉCUTION FORCÉE (règles générales sur l') DES JUGEMENS ET ACTES.

De la forme extrinsèque des jugemens et actes pour être exécutoires. 545

(146, *jugemens.*)

Comment les actes faits hors pays deviennent exécutoires. 546

(V. Code civil, art. 2123—8.)

Tous les actes exécutoires le sont dans toute la France sans *pareatis*. 547

Des formes préalables à l'exécution des jugemens par des tiers. 548

De la déclaration d'appel à faire par avoué au greffe. 549

(V. 163. *jugemens par defaut...*)

De l'obligation, par les séquestres et conservateurs, de satisfaire aux jugemens. 550

De la nécessité d'un titre exécutoire pour exercer toute saisie. 551

(545, ci-dessus, et 146, *jugemens.*)

—De liquider, quand il y a lieu, avant d'exercer la contrainte par corps. 552

Du tribunal compétent pour difficultés sur l'exécution des jugemens de commerce. 553

— Si les difficultés requièrent célérité. 554

De ce que doit faire l'officier insulté dans ses fonctions. 555
(V. art. 785. *Emprisonnement.*)

Quels pouvoirs faut-il aux huissiers pour les exécutions. 556

— Des jugemens ; à quels tribunaux déférée, art. 472, *Appel.*

—Est interdite aux tribunaux de commerce, 442, *Tribunaux de commerce.*

— De jugement arbitral, appartient au tribunal où s'est fait le dépôt, 1021, *Arbitrages.*

— (De l') des jugemens du juge de paix non-définitifs. (V. *jugemens* (des) qui ne sont pas définitifs... 28...)

— Des jugemens par défaut, est suspendue pendant la huitaine d'opposition, 155, *Jugemens par défaut.*

— Interdite après six mois depuis l'obtention, 156, *idem.*

— (Des actes qui constituent l') 159, *jugemens* (des) *par défaut...*

— Provisoire est accordée aux jugemens de police d'audience, 12, des *Audiences du juge de paix...*; et 90, des *Audiences* de leur publicité... ; aux ordonnances sur référé, 809, *Référés...*

— — Sans caution jusqu'à 300 fr., aux jugemens des juges de paix, 17, des *Audiences du juge de paix...*

— — Quand il y a titre authentique, 135, des *jugemens.*

Exécutions. (des saisies-) V. *Saisies-Exécutions,* (des) 583...

— — Des jours et heures où elles sont interdites, 1037, *Dispositions générales.*

Exécutoire : titre ou jugement qui l'est, s'exécute hors du ressort sans *pareatis*, 547, *Exécution forcée.*

— Ce

— Ce qui est essentiellement requis pour que les actes ou jugemens aient cette qualité, 549, *Exécution forcée.*

— Avec titre qui l'est, on peut procéder à saisie mobilière ou immobilière, 551, *ibid.*

EXPÉDITION (des voies à prendre pour avoir) OU COPIE D'UN ACTE, OU POUR LE FAIRE RÉFORMER.

— De la voie à prendre au cas qu'elle soit refusée par le notaire. 839

La cause est sommaire, et le jugement a exécution provisoire. 840

De la voie pour obtenir copie d'un acte non-enregistré ou imparfait. 841

De l'ordonnance du juge et de sa notification. 842

Les difficultés sur l'exécution se vident en référé. 843

De la voie pour obtenir une deuxième grosse. 844

Les difficultés sur l'exécution de l'ordonnance se vident en référé. 845

De la faculté de compulser par personnes non-parties aux actes. 846

Comment se forme et se juge la demande à fin de compulsoire. 847

Le jugement est exécutoire par provision. 848

De ce qui touche le procès-verbal de compulsoire ou collation. 849

De la faculté par les parties d'assister au procès-verbal. 850

— Par le notaire non-payé de refuser l'expédition. 851

De ce qui touche la collation de l'acte. 852

De l'obligation par tous dépositaires de registres de satisfaire à toute réquisition. 853

De la voie pour obtenir deuxième expédition exécutoire d'un jugement. 854

— Pour faire rectifier un acte de l'état civil. 855
(V. Code civil, 99...)

Comment sont appelées les parties intéressées, si le tribunal l'a ordonné. 856

Comment s'effectue la rectification sur le registre public. 857

De la faculté d'appeler du jugement de rectification et de la forme. 858

EXPERTISE. V. *Rapports* (des) *d'experts*, 303.

EXPERTS. V. *Rapport*.

— En quel cas prêtent serment devant le juge de paix, 935, *Scellé*. (de la levée du)

EXPROPRIATION. V. *Saisie immobilière*, 673...

EXTRAIT d'acte, peut s'obtenir par celui qui n'y a pas été partie, 846, *Expédition*.

F.

FAITS ET ARTICLES (de l'interrogatoire sur) V. *Interrogatoire*, (de l'interrogatoire sur) 324...

FAUX, (du) INCIDENT CIVIL.

De la faculté de s'inscrire contre une pièce déjà jugée vraie à d'autres fins. 214

De la nécessité d'une sommation préalable à l'inscription en faux. 215

Du délai pour répondre à la sommation. 216
(V. Code civil, art. 1319, et ici 240—50.)

Quid? si le défendeur ne répond pas à la sommation, ou dit ne vouloir user de la pièce. 217

De la forme pour obtenir jugement qui admette à s'inscrire. 218

Des délais pour déposer au greffe la pièce arguée, et signifier l'acte de dépôt. 219

Quid? si le défendeur n'a pas déposé dans le délai la pièce arguée. 220

De l'apport de minute de la pièce arguée. 221

De la surséance de poursuites jusqu'à apport de la minute. 222

De quel jour court le délai pour apport de la minute par le dépositaire. 223

— Pour par le défendeur faire apporter la minute. 224

Des significations à fin de procès-verbal, et du délai dans lequel il doit être fait. 225

S'il doit y avoir un seul procès-verbal des expéditions et de la minute. 226

De ce qui touche le procès-verbal. 227

De la communication des pièces arguées de faux. 228

Du délai dans lequel le demandeur doit signifier ses moyens de faux. 229

— Le défendeur doit répondre. 230

De la poursuite d'audience et du jugement préparatoire. 231

Ce que doit porter le jugement qui admet les moyens de faux. 232

De l'obligation d'énoncer dans le jugement les moyens de faux. 233

Des formalités pour l'enquête et du paraphe des pièces. 234
(V. art. 252, tit. des *Enquêtes*.)

Quid? si un des témoins représente quelque pièce. 235

De la forme en laquelle se fait la preuve par experts. 236

De ce qui touche la récusation contre le juge commissaire, ou contre les experts. 237
(V. art. 378, tit. de la *Récus.* et art. 308, *Rapp. d'exp.*)

Après l'instruction, le jugement se poursuit sur simple acte. 238
De ce qui doit être fait, s'il y a indices de faux. 239
La poursuite sur le faux suspend celle sur l'objet civil. 240
Du tems pendant lequel il est sursis à l'exécution du jugement sur le faux. 241
Du jugement, en ce qui touche la remise des pièces. 242
Du tems de surséance pour la remise ou réintégration de pièces. 243
Des peines contre les greffiers contrevenans à ce qui leur est prescrit. 244
De la délivrance de copie ou expédition des pièces déposées au greffe. 245
Des condamnations que peut essuyer le demandeur téméraire. 246
L'amende est de plein droit contre le demandeur téméraire. 247
En quels cas l'amende n'est point encourue. 248
De la nécessité de faire homologuer en justice la transaction sur le faux. 249
(V. Code civil, 2046.)
De la faculté de se pourvoir en faux principal, et de la surséance au civil. 250
De la nécessité des conclusions du ministère public dans tous les cas. 251

— Principal (demande en) peut être faite après celle en faux civil, 250, *Faux incident*...
— (Inscription en) ne peut être faite devant le juge de paix, 14, *Audiences du juge de paix*...
(V. art. 193, titre de la *Vérification des écritures.*)

FAUX OU DOUBLES EMPLOIS dans les comptes se réparent, 541, *Redditions de comptes*.

FEMME MARIÉE, comment se fait autoriser à la poursuite de ses droits, 861, *Autorisation...*

FERMAGES (la demande de) est dispensée de l'épreuve de conciliation, 49, n°. 5, *Conciliation.*

— Est matière sommaire, 404, §. 5. *Matières sommaires.*

FERMIERS, (sous-) comment leurs effets sont engagés dans la saisie pour le fermage principal, 820, *Propriétaires...* (du droit des)

FÊTE LÉGALE (jours de) sont privilégiés pour le débiteur, 781, *Emprisonnement.*

— Ne souffrent point de signification, ni exécution, à moins d'autorisation., 1037, *Dispositions générales.*

FEUX D'ENCHÈRES. V. *Saisie immobilière*, 707...

FORAINS, (débiteurs) de ce qui touche la saisie de leurs effets, 822, *Propriétaires...* (du droit des)

FOLLE-ENCHÈRE / FOL-ENCHÉRISSEUR } de ce qui les touche. V. { *Saisie immob.* 715. *Saisie immob.* (des incidens sur) 737...

FORCLUSION. V. *distribution* (de la) par contribution, 664, et *ordre* (de l') 756...

FRAIS ET DÉPENS. (de la liquidation des) V. *Liquidation* (de la) des frais et dépens, 543.

— (Les demandes de) par avoués, sont exemptes du préliminaire de conciliation, 49, n°. 5. *Conciliation.* (de la)

— Par officiers ministériels, se portent devant le tribunal où l'on a procédé, 60, *Ajournemens.*

FRAUDE de la part d'un juge, est motif de prise à partie, 505, *Prise à partie.*

FRUITS. (de la liquidation des) V. *Liquidation* (de la) des fruits, 526.

— A restituer, comment doivent être rendus, 129, *Jugemens.* (des)

G.

GALIOTES. V. *Barques.*

GARANT, GARANTIE, SOUS-GARANTIE, 175..... *Exceptions.* (des)

— En ce qui concerne la justice de paix. V. *Mise en cause* (de la) *des garans*, 32.

GARANTIE (demande en) n'est pas sujette à l'épreuve de conciliation, 49, n°. 3. *Conciliation.*

GARDE CHAMPÊTRE doit être établi gardien aux saisies de fruits, 628. *Saisie-brandon.*

GARDIEN. V. Geolier et *Saisies-exécutions*, 598....

— D'effets saisis est contraignable par corps, 824. Propriétaires. (du *Droit des*)

— — — Qui peut ou non être chargé de cet office, 598. *Saisies-exécutions.* (des)

GEOLIER. Ce qu'il doit faire à l'arrivée du débiteur arrêté, 790. *Emprisonnement.*

GÉNÉRALES. (dispositions) V. *Dispositions générales*, 1029....

— (Règles) sur l'exécution forcée, etc. V. *Exécution forcée*.... 545....

GREFFIER du tribunal civil doit rendre publique la demande en séparation de biens, 866. *Séparation*....

— — Doit mettre *visa* sur l'exploit de demande en partage, 967. *Partages*....

— Du juge de paix doit porter les jugemens sur la feuille d'audience, 18 *Audiences* du juge de paix.

— — Doit toujours accompagner le juge qui se rend sur le lieu contentieux, 30. *jugemens* (des) qui ne sont pas définitifs....

(V. 1040, *Dispositions générales.*)

GREFFIERS ne peuvent délivrer expédition des jugemens avant la signature, 139. *Jugemens.*

— — Etre adjudicataires des biens saisis, 713. *Saisie-immobilière.*

(V. Code civil, art. 1597.)

— Sont tenus de délivrer, à toute réquisition, copie de leurs actes, 853. *Expédition....*

GRIEFS et réponse forment toute l'instruction sur l'appel, 462. *Appel.*

— Ne peuvent être proposés qu'oralement en matière sommaire, *ibid.* 463.

GROSSE (seconde) de titre, comment s'obtient, 884. *Expédition.*

H.

HABITS, dont le saisi est vêtu et couvert, sont insaisissables, 592, n°. 2. *Saisies-Exécutions.*

HAUTE-COUR IMPÉRIALE connaît des prises à partie contre les cours de justice et leurs sections, 509. *Prise à partie...*

HÉRITIER BÉNÉFICIAIRE, quand peut être personnellement condamné aux dépens, 132. *Jugemens.*

HÉRITIERS d'un commerçant sont justiciables du tribunal de commerce, 426. *Tribunaux* de commerce.

HOMOLOGATION des avis de parens, comment s'obtient, 885.... *Avis* (des) de parens.

— De transaction sur inscription de faux, est indispensable pour l'exécution, 249. *Faux* (du) *incident civil.*

HUISSIERS ne peuvent instrumenter pour leurs proches parens, 66. *Ajournemens.*

— Quand peuvent être condamnés aux dépens en leur propre nom, 132. *Jugemens.*

— Sont tenus, à peine d'interdiction, d'instrumenter en matière de déni de justice, 507. *Prise à partie.*

— Sont responsables du prix des adjudications qu'ils ont faites sur saisie, 625. *Saisies-Exécutions.*

— Des juges de paix. Pour ce qui les concerne, V. *Citations* 1....

I.

IMMEUBLES, par destination, ne peuvent être compris dans les saisies mobilières, 592. *Saisies-Exécutions.* (V. Code civil, 524, 5.)

IMMOBILISÉS, (fruits) en quel cas ils le sont, 689. *Saisie immobilière....*

IMPRESSION, et affiche des jugemens, peut être ordonnée par les tribunaux, 1036. *Dispositions générales.*

INCIDENS. (des)

§ Ier.

Des demandes incidentes.

De la manière de former demande incidente et de donner réponse. 337

De l'obligation de réunir les demandes incidentes ; et comment elles se jugent. 338

§ II.

De l'intervention.

De la manière de former l'intervention. 339

L'intervention ne peut retarder le jugement du principal. 340

— En procès par écrit, se porte à l'audience. 341

INCIDENS (des) sur la poursuite de saisie-immobilière. V. *Saisie....* 718....

INCIDENTE, demande) comment se forme en matière sommaire, 406. *Matières sommaires.*

INCOMPÉTENCE, à raison de la matière, se propose en tout état de cause, 170. *Exceptions.*

— Ne se juge point sans appel par les juges inférieurs, 454. *Appel.*

INDEMNITÉ (l'action en) par le fermier est censée réelle, 3, n°. 4. *Citations.*

INIMITIÉ capitale entre le juge et l'une des parties, est cause de récusation, 378, n°. 9. *Récusation.*

INJONCTIONS; les juges sont autorisés à en prononcer, 1036, *Dispositions générales.*

INJURES; quand sont motif de récusation contre un juge, 378, n°. 9. *Récusation.*

INSAISISSABLES, (des choses) 580... *Saisies-arrêt....* et 592, *Saisies-Exécutions.*

INSCRIPTION DE FAUX; de sa forme au civil. V. *Faux...* 214...

— Le juge de paix n'en peut connaître, 14. *Audiences* (des) *du juge de paix...*

INSTRUCTIONS PAR ÉCRIT. V. *Délibérés...* (des) 93.

INSULTE envers officier de justice, comment se réprime, 555. *Exécution forcée.* (règles générales sur l')

— Envers les juges. V. *Irrévérence.*

INTERDICTION. (de l') [V. Code civil, art. 489 et suivans.]

De ce qui concerne la requête à fin d'interdiction. 890

— L'ordonnance du juge. 891

Du jugement pour la convocation d'un conseil de famille. 892

De la signification des requêtes et avis de famille ; de l'interrogatoire et de l'enquête. 893

En cas d'appel, contre qui il doit être dirigé. 894

De ce qui touche la nomination des tuteur et subrogé tuteur. 895

— La demande en main-levée de l'interdiction. 896

De l'affiche du jugement portant défense de plaider, transiger, emprunter, etc. 897

Peut être prononcée contre officiers ministériels pour excès de pouvoirs, 132. *Jugemens.*

Interdits. Leurs intérêts ne peuvent être mis en conciliation, 49, n°. 1er. *Conciliation.*

Intérêts. Ce qu'il faut pour qu'ils courent du jour de la citation en conciliation, 57. *Conciliation.*

— Échus depuis le jugement de première instance, se demandent en cour d'appel, 464. *Appel.*

— De dette offerte réellement, cessent du jour de la consignation, 816. *Offres* (des) *de paiement.*

— Sur débiteur, exécuté dans son mobilier, cessent du jour de la clôture du procès-verbal de distribution, 672. *Distribution.*

Interlocutoire ; (jugement) ce que c'est, 452. *Appel*, (de l') et V. *jugemens.*

INTERROGATOIRE (de l') sur faits et articles.

De la faculté de faire interroger en tout état de cause. 324

Comment se provoque, s'ordonne, et par qui se fait l'interrogatoire. 325

Quid? en cas d'éloignement de la personne à interroger. 326

De l'indication des jour et heure par le juge qui doit interroger. 327

Quid? en cas d'empêchement de la partie à interroger. 328

Des significations et assignations à la partie à interroger. 329

Quid ? si l'assigné ne comparaît pas ou refuse de répondre. 330

— Si ayant fait défaut, l'assigné se présente avant le jugement. 331

— Si au jour de l'interrogatoire l'assigné justifie d'empêchement. 332

Comment on répond à l'interrogatoire. 333

De la lecture et de la signature de l'interrogatoire. 334

De la signification de l'interrogatoire. 335

Comment les établissemens publics répondent sur faits et articles. 336

INTERRUPTION DE PRESCRIPTION, s'opère par la demande en conciliation ; à quelle condition, 57. *Conciliation.*

INTERVENTION est dispensée du préliminaire de conciliation, 49, n°. 3. *Conciliation.*

— N'est admissible qu'au cas où la tierce-opposition serait fondée, 446. *Appel.*

INTERVENTION. (de l') V. *Incidens*, (des), 339.

INTIMÉ peut interjeter appel en tout état de cause, 443. *Appel.*

INVENTAIRE. (de l')

—Peut être requis par ceux ayant droit de requérir la levée du scellé. 941

(V. *Scellé*, [de la levée du] 930.)

En présence de qui doit être fait l'inventaire. 942

(V. Code civil, 113.)

De ce que doit comporter le procès-verbal d'inventaire. 943

Quid ? s'il s'élève des difficultés. 944

— Du délai à observer pour y procéder quand il y a eu scellé, 928. *Scellé.* (de la levée du)

IRRÉVÉRENCE envers le juge de paix, comment se réprime, 11. *Audiences* (des) *du juge*...

Envers les tribunaux inférieurs et magistrats, 89... *Audiences* (des) de leur publicité.

J.

JUGE en exercice doit toujours être assisté du greffier, 1040. *Dispositions générales.*

—DE PAIX, (des audiences du) etc. V. *Audiences* (des) *du juge de paix*... 8...

—De sa récusation. V. *Récusation* (de la) *des juges de paix*... 44...

— En cas de saisie d'objets ruraux, peut établir un gérant à l'exploitation, 594. *Saisies-Exécutions.*

— Peut autoriser l'exécution de la contrainte par corps à domicile, 781, n°. 5. *Emprisonnement.*

— A le droit exclusif d'apposer les scellés après décès, 907 et 912. *Scellés.* (de l'apposition des)

JUGES en activité de service, ne peuvent exercer la profession de défenseurs, 86. *Audiences.*

JUGEMENS (des) PAR DÉFAUT ET DES OPPOSITIONS A CES JUGEMENS. [Justice de paix.]

Quand la cause doit être jugée par défaut. 19

De ce qui concerne l'opposition au jugement par défaut. 20

De la faculté par le juge de paix de proroger le délai d'opposition. 21

(V. art. 165, *jugemens* (des) *par défaut et oppositions.*)

Un deuxième défaut n'admet pas d'opposition. 22

JUGEMENS (des) SUR LES ACTIONS POSSESSOIRES. [V. Code civil, art. 2228...]

De l'obligation d'intenter l'action possessoire dans l'année du trouble. 23

Au cas de déni du trouble, l'enquête ne peut se rappporter à autre chose. 24

Le possessoire et le pétitoire ne peuvent être cumulés. 25

Le demandeur au pétitoire n'est plus recevable au possessoire. 26

Quand peut le défendeur au possessoire agir au pétitoire. 27

V. *Actions possessoires.*

JUGEMENS (des) QUI NE SONT PAS DÉFINITIFS ET DE LEUR EXÉCUTION. [Justice de paix.]

Si les jugemens non-définitifs s'expédient. 28

De ce qui concerne la cédule en cas de jugement à fin d'enquète ou expertise. 29

Des obligations du greffier quand le juge se transporte sur les lieux. 30

(V. 1040. *Dispositions générales.*)

De ce qui touche l'appel des jugemens préparatoires et interlocutoires. 31

(V. art. 451. *Appel.*)

JUGEMENS. (des)

Comment doivent être rendus et prononcés les jugemens. 116

De la nécessité de réunir les opinions quand il s'en est formé plus de deux. 117

(V. art. 467. *Appel.*)

Comment se vide le partage. 118

(V. art. 468. *Appel*).

Jugement à fin de comparution doit indiquer le jour. 119

— Qui ordonne un serment doit énoncer les faits sur lesquels il sera reçu. 120

Serment se prête en personne. — *Quid?* au cas d'empêchement. 121

(1035. *Dispositions générales.*)

Jugement qui accorde délai doit en énoncer le motif. 122

(V. Code civil, art. 1244.)

De quel jour court le délai. 123

Des circonstances dans lesquelles il ne peut être accordé délai. 124

(V. Code civil, art. 1188, 1912, 3.)

Délai judiciaire (1) ne fait obstacle aux actes conservatoires. 125

De l'interdiction de la contrainte par corps hors des cas prévus par la loi. — Exceptions. 126

(V. Code civil, art. 2059...)

De la faculté par les juges de suspendre la contrainte par corps en l'ordonnant. 127

De ce qui touche la condamnation en des dommages-intérêts. 128

(V. art. 523. *Liquidation* des dommages-intérêts.)

---

(1) Ni conventionnel en matière purement civile et non-commerciale; cela est jugé. V. Journal du Palais, 25 juin 1806, n°. 380, art. 205; en ce cas seulement, les frais sont à la charge du demandeur. V. Code de procédure, art. 193, tit. de la *Vérification des écritures.*

L'art. 1180 du Code civil vient à l'appui de ce principe, ou plutôt là est le principe même.

— Les restitutions de fruits. 129

Toute partie qui succombe doit être condamnée aux dépens. 130

Des cas où les dépens peuvent être compensés. 131

— Où les officiers ministériels, tuteurs, administrateurs, peuvent être condamnés personnellement. 132

De la distraction des dépens au profit de l'avoué. 133

Le provisoire et le fond étant en état, doivent être jugés ensemble. 134

Des cas où l'exécution provisoire *doit* et de ceux où elle *peut* être ordonnée sans caution. 135

(V. art. 155. *Jugemens* [des] par défaut....)

Quid ? quand les juges ont omis de prononcer l'exécution provisoire. 136

(457—8. *Appel.*)

L'exécution provisoire ne peut jamais être ordonnée pour les dépens. 137

De la signature des minutes et de la mention du nom des juges. 138

De l'interdiction aux greffiers de délivrer expédition avant la signature. 139

De l'obligation par le ministère public de vérifier les minutes. 140

Des parties essentielles dans la rédaction des jugemens. 141

De ce qui touche la formation et la signification des qualités. 142

Du tems que l'original des qualités doit demeurer aux huissiers-audienciers. 143

De la manière de déclarer opposition aux qualités. 144

Comment se règlent les parties sur l'opposition aux qualités. 145

Comment s'intitulent et se terminent les expéditions de jugemens. 146

(545. *Execution forcée.*)

Des significations de jugement avant exécution. 147

Quid ? si l'avoué est mort ou n'exerce plus. 148

JUGEMENS (des) PAR DÉFAUT ET OPPOSITIONS.

En quel cas il y a lieu de juger par défaut. 149

De la vérification des conclusions et de la prononciation des défauts. 151

Quid ? relativement aux défauts, s'il y a diverses parties et différens délais. 151

De l'obligation de comprendre dans le même défaut tous les défaillans. 152

Quid ? si de plusieurs parties, les uns ont fait défaut, les autres point. 153

De la faculté par le défendeur de suivre l'audience sans signifier défenses. 154

Quand peuvent être exécutés les jugemens par défaut. 155
(450, *Appel*, et Code civil, 2215.)

De la signification des jugemens par défaut, et du tems utile pour leur exécution. 156

Du délai pour l'opposition, quand il y a avoué. 157

S'il n'y a pas d'avoué, l'opposition est recevable jusqu'à exécution. 158

Quand est réputé exécuté le jugement. 159

Comment se fait l'opposition, quand il y a avoué. 160

Ce que doit contenir la requête d'opposition. 161

Comment se fait l'opposition, quand le défendeur n'a pas eu d'avoué. 162

Du registre des oppositions dans le greffe. 163
(548 — 9. *Exécution forcée...*)

De la nécessité d'un certificat de non-opposition, pour l'exécution par un tiers. 164

Opposition à un débouté d'opposition, n'est pas recevable. 165
(V. 503. *Requête civile.*)

JUGEMENS PRÉPARATOIRES; sont ceux pour l'instruction de la cause. 452. *Appel.* Exemple, art. 385. *Récusation.*

— INTERLOCUTOIRES; sont ceux qui préjugent le fond. 452. *Appel.*

— PRÉPARATOIRES. L'appel n'en est recevable qu'après jugement définitif, 31, *Jugemens..* et 451, *Appel.*

— INTERLOCUTOIRES. L'appel peut avoir lieu avant jugement définitif, 31 et 451.

JURISCONSULTES. (anciens) En quels cas peuvent être appelés à faire fonctions de juges, 468, *Appel.* V. *Avocat.*
(Pour l'intelligence du mot *ancien*, v. l'art. 495, *Requête civile.*)

JUSTICE (de la) DE PAIX. V. *Citation.* — *Audiences du juge de paix.* — *Jugemens par défaut.* — *Jugemens sur les actions possessoires.* — *Jugemens qui ne sont pas définitifs.* — *Mise en cause..* — *Enquêtes* — *Visites des lieux...* — *Récusation...*

L.

LICITATIONS. (des partages et) V. PARTAGES (des). 966

LIQUIDATION (de la) DES DOMMAGES-INTÉRÊTS.
[V. Code civil, art. 1146...]

De la signification de déclaration des dommages-intérêts non liquidés par les juges. 523

Du délai pour rétablir les pièces communiquées, et répondre. 524

Quid ? s'il y a eu des offres qui se trouvent suffisantes. 525

LIQUIDATION (de la) DES FRUITS.

De la forme pour rendre compte des fruits, par celui qui y est condamné. 526

(V. art. 527..., *Redditions de comptes.*)

LIQUIDATION (de la) DES DÉPENS ET FRAIS.

La liquidation des dépens et frais en matière sommaire, se fait par le jugement même. 543

— En matière non sommaire, se fait conformément aux règlemens. 544

— Doit être faite par le jugement en matière d'ordre, 762 *Ordre.*

— En argent, quand il y a lieu, est un préalable à l'exécution de la contrainte par corps, 5[illegible]2. *Exécution forcée.*

LIVRES. De la profession du saisi, à concurrence de 300 fr., sont insaisissables, 592—3. *Saisies-Executions.*

LOCATAIRES (principaux). De leur droit vis-à vis des sous-locataires, pour les loyers, 819. *Propriétaires* (du droit des)...

LOCATAIRES (sous-), comment obtiennent main-levée de saisie pour le loyer principal, 620, *ibid.*

LOTS entre cohéritiers, par qui se font, 978. *Partages et Licitations.*

LOYERS (l'action pour) est dispensée de l'épreuve de conciliation, 49. *Conciliation.*

— — Est matière provisoire, 404. *Matières sommaires.*

— Échus depuis le jugement en première instance, se demandent sur l'appel, 464. *Appel.*

— Comment, en cas de saisie par un créancier, le propriétaire fait valoir son privilége, 661, *ibid.*

— Sont privilégiés, avant les frais de saisie par un créancier du locataire, 662. *Distribution par contribution.*

M.

MAIN-LEVÉE (demande en), n'est pas sujette au préliminaire de conciliation, 49, n°. 5. *Conciliation.*

MAIRE. En quel cas reçoit l'exploit d'ajournement pour ses administrés, 68. *Ajournemens.*

— En quel cas doit intervenir à une saisie mobilière, 587. *Saisies-Executions.*

— Vise le procès-verbal d'apposition d'affiches, pour ventes d'immeubles sur saisie, 687. *Saisie-immobilière.*

MANDAT DE DÉPÔT, en quel cas peut être décerné par le magistrat civil, 92. *Audiences* (des), de leur publicité, etc.

— D'amener, se délivre en matière de faux, par le président du tribunal, 239. *Faux* (du) incident civil.

MANDEMENT (du) pour être payé sur deniers provenant de saisie, 665. *Distribution par contribution.*

(V. Bordereaux.)

MATIÈRES (des) SOMMAIRES.

Des matières réputées sommaires. 404

Comme se jugent les matières sommaires, sans procédures ni formalités. 405

Comment se font les demandes incidentes et les interventions. 406

(V. art. 337, 9. *Incidens.*)

De ce que doit contenir le jugement, afin d'enquête. 407

6—2

De l'obligation d'assigner les témoins, au moins un jour avant celui de l'audition. 408

— De juger sur-le-champ l'incident, s'il y a demande en prorogation. 409

(V. art. 279, 80. *Enquêtes.*)

Ce qui doit être recueilli de l'enquête, si le jugement est sans appel. 410

— Si le jugement est susceptible d'appel. 411

Quid? si les témoins sont éloignés ou empêchés. 412

(V. art. 1035. *Dispositions générales.*)

Des formalités qui s'appliquent à la confection des enquêtes sommaires. 413

(V. art. 260. 1. 3.... 268. 270.... 281. 5. *Enquêtes.*)

Matières sommaires. Sont réputées telles, les demandes en renvoi, 172. *Exceptions...*

— — — — Les incidens sur demande en garantie, 180. *Exceptions...*

— — — — — — — Sur remise de pièces communiquées, 192. *Exceptions...*

— — — — Les demandes en reconnaissance d'écritures, 193. *Vérification..*

— — — — Ce qui touche les reproches contre témoins, 287. *Enquêtes.*

— — — — Les contestations sur récusation d'experts, 311. *Rapports d'experts.*

— — — — Les incidens sur reprises d'instance, 348. *Reprises d'instance...*

— — — — — — — Sur poursuite de saisie immobilière, 718. *Saisie....*

— — — — Les réceptions de cautions, 521. *Réceptions de cautions.*

—————Les réclamations d'objets saisis, 608. *Saisies-Exécutions.*

—————Les incidens sur distribution de deniers, 666—9. *Distribution par contribution.*

——Se jugent de même sur l'appel, 463. *Appel.*

——Se jugent comme telles, les demandes de mise en liberté, 795 et 805. *Emprisonnement.*

————————Les contestations entre parens, en conseil de famille, 884. *Avis de parens.*

(V. Code civil, art. 823.)

————————Les contestations au sujet de délivrances de copies d'actes, 840. *Expédition...*

——————————Sur demande en compulsoire, 847. *Ibid.*

MATIÈRES PERSONNELLES,
RÉELLES,
MIXTES,
DE SOCIÉTÉ,
DE SUCCESSIONS,
DE FAILLITES,
DE GARANTIE. } Devant quels juges se portent, 59. *Ajournemens.*

—De commerce, sont dispensées de l'épreuve de conciliation, 49, n°. 4. *Conciliation.*

MENACES de la part d'un juge; quand sont cause de récusation, 378, n°. 9. *Récusation.*

MINEURS, sont dispensés du préliminaire de conciliation, 49, n°. 1er *Conciliation.*

—De ce qui touche la vente de leurs biens, 954. *Vente des biens immeubles.*

MINISTÈRE PUBLIC. (de la communication au) V. *Communication...* (de la) 83...

——Doit être entendu en matière de récusation, 385—94. *Récusation.*

————————————Contre experts, 311. *Rapports d'experts.*

——————— En matière de faux, 251. *Faux incident.*

——————— Sur les demandes en désaveu, 359. *Désaveu.*

——————— Sur les demandes en requête civile, 498. *Requête civile.*

——————— Sur les contestations en matière de distribution de deniers, 668. *Distribution par contribution.*

——————— Sur les demandes de mise en liberté, 795. *Emprisonnement.*

——————— Sur les demandes à fin de rectification d'actes, 855. *Expédition.* (des voies à prendre...)

———————— Relatives à l'administration des biens d'un absent, 859. *Absent...*

———————— Par femmes en autorisation contre l'époux, 862... *Autorisation...*

———————— En séparation de corps et en divorce, 879. *Séparation de corps...*

———————— En cession de biens, 900. *Cession...*

——————— Quand il s'agit de vente de biens dans le bénéfice d'inventaire, 988. *Bénéfice d'inventaire.*

——————— Quand il s'agit de sauf-conduit, 782. *Emprisonnement.*

——— Doit participer à l'homologation des délibérations de parens, 886. *Avis de parens.*

——— Doit vérifier tous les mois les minutes des jugemens, 140. *Jugemens.*

——— En quels cas peut être récusé, 381. *Récusation.*

Minutes des jugemens. Sur ce qui les touche en justice de paix. V. art. 18. *Audiences du juge de paix.*

———— Des tribunaux inférieurs, 138. *Jugemens.*

MISE (de la) en cause des garans. [Justice de paix.]

Quid ? si à la première comparution le défendeur offre d'appeler garant. 32.

— Si l'offre n'a point été proposée à la première comparution. 33

Mise en liberté (demande de) n'est sujette au préliminaire de conciliation, 49, n°. 5. *Conciliation*.
(V. *Emprisonnement*.)

N.

Notaires, doivent être appelés aux inventaires pour l'intérêt des non-présens, 928. *Scellé*. (de la levée du) 931, *ibidem* 942, *Inventaire*.

—Refusans de délivrer copie ou expédition d'acte... *Quid?* 839... *Expédition*...

Nullité d'exploit ou acte de procédure se couvre par la défense. 173. *Exceptions*.

— — Ne peut être prononcée qu'en conformité de la loi, 1030. *Dispositions générales*.

— De droit; en quel cas existe, 692. *Saisie immobilière*.

O.

Officiers ministériels. De quelles condamnations sont passibles envers leurs cliens, 1031. *Dispositions générales*.

— Étrangers; ne peuvent donner à leurs actes l'exécution en France, 546. *Exécution forcée*.

OFFRES (des) de paiement et de la consignation.
[V. Code civil, art. 1257... et 2060.]

De l'obligation de désigner l'objet offert de manière qu'il ne puisse y avoir substitution. 812

De ce qui doit être mentionné au procès-verbal d'offres. 813

De la consignation en cas de refus des offres. 814

De ce qui touche les demandes en validité ou nullité d'offres ou de consignation. 815

Du jugement au cas que les offres soient valables. 816 (V. Code civil, art. 1259, n°. 2.)

La consignation est toujours à la charge des oppositions qu'il faut dénoncer. 817

Les règles ultérieures sur la matière sont dans le Code civil (art. 1257...) 818

—Réelles, peuvent être faites au domicile élu par le saisissant, 584. *Saisie-exécution.*

— Les demandes en conséquence sont exemptes de l'épreuve de conciliation, 49, n°. 7. *Conciliation.*

— Suffisantes, affranchissent de tous dépens postérieurs, 525. *Liquidation* des dommages-intérêts.

Omission qui n'est pas nullité, commise par officier ministériel, peut être punie d'amende, 1030. *Dispositions générales.*

Omissions dans les comptes, comment se réparent, 541. *Redditions de comptes.*

Opinions divergentes des juges doivent se réduire à deux, 117. *Jugemens.* — 467, *Appel.*

Opposition (de l') aux jugemens par défaut des juges de paix, 20. *jugemens par défaut...*

— — — — En général, 157... J*ugemens par défaut*, etc.

— A jugement par forclusion n'est point reçue, 113. *Délibérés.*

— Aux qualités; comment se fait, 144... J*ugemens.*

— En quel cas est ou non suspensive d'exécution, 159. *Jugemens* (des) *par défaut.*

— Aux

— Aux jugemens de commerce, ne vaut après huitaine du jour de la signification, 436. *Tribunaux de commerce*.

— N'est point admise contre les ordonnances sur référé, 809. *Référés*.

———— Contre les jugemens arbitraux, 1016. *Arbitrages*.

— Est admise contre l'ordonnance d'exécution du jugement arbitral, 1027. *Ibidem*.

— Se porte à l'audience, même dans les affaires en rapport, 351. *Reprises d'instances*...

Opposition. (de la tierce-) V. *Tierce-opposition*, 474...

Oppositions. (des saisies-arrêts ou) V. *Saisies-arrêts*... (des) 557.

— Par les parties saisies, se vident en référé, 607. *Saisies-exécutions*.

— A la vente sur saisie, par le tiers propriétaire, vont à l'audience sommaire, 608. *Ibid*.

— (Des) aux scellés. V. *Scellés*, (des oppositions aux) 926.

ORDRE. (de l')

Du délai pour se régler entre les créanciers et le saisi, sur la distribution. 749

(V. Code civil, 2101.)

De la nomination d'un juge-commissaire pour procéder à l'ordre. 750

Du registre des adjudications dans le greffe. 751

De l'ouverture du procès-verbal d'ordre. 752

De la sommation de produire par les créanciers. 753

Du délai pour produire; de la production; et de la demande en collocation. 754

De l'état de collocation et de sa dénonciation. 755

Du délai pour prendre communication par les créanciers. 756
De la peine du retard contre ceux qui produisent après le délai. 757
Quid? s'il s'élève une contestation devant le juge-commissaire. 758
De la clôture de l'ordre et des opérations accessoires. 759
Comment sont représentés les créanciers postérieurs à la collocation contestée. 760
Par qui et comment se poursuit l'audience sur l'incident. 761
De ce qui touche le jugement. 762
(543. *Liquidation* des dépens.)
De ce qui touche l'appel du jugement sur l'incident. 763
De l'intimation de l'avoué du créancier dernier colloqué. 764
De la manière de procéder en appel. 765
De ce qui touche l'arrêt sur l'incident. 766
De l'arrêté définitif de l'état d'ordre. 767
Des frais à prendre par l'avoué qui a représenté les créanciers contestans. 768
De la subrogation à cause de l'emploi des frais. 769
Du recours du saisi et des créanciers, à cause des arrérages et intérêts. 770
De la délivrance des bordereaux de collocation. 771
De ce qui touche la radiation d'inscription du créancier colloqué. 772
De la décharge d'inscription hypothécaire par le conservateur. 773
Ce qu'il faut pour que l'inscription d'office soit rayée. 774
Quand il ne peut y avoir ordre après vente d'immeuble. 775
Des formes de l'ordre en cas d'aliénation autre que celle par expropriation. 776
Des frais pour lesquels l'acquéreur doit être employé par préférence. 777

De la faculté de prendre inscription au droit de son débiteur. 778

(V. Code civil, 1166.)

De la subrogation en cas de négligence ou retard dans la poursuite d'ordre. 779

Outils des artisans, nécessaires pour leurs travaux, sont insaisissables, 592—3. *Saisie-Execution.*

P.

Parenté. V. *Alliance.*

Partage d'opinions entre les juges. Comment se vide en première instance, 118. *Jugemens.*

— — — En cour d'appel, 468. *Appel...*

PARTAGES (1) [des] et licitations. (2)

Quand il y a lieu au partage en justice, le plus diligent se pourvoit. 966

Entre deux demandeurs, à qui demeure la poursuite. 967

Des formes pour la nomination d'un tuteur spécial au mineur. 968

(V. art. 882... *Avis de parens.*)

Ce qu'il faut que comporte le jugement sur la demande en partage. 969

Le jugement doit ordonner partage ou licitation. 970

De ce qui touche l'expertise. 971

(V. art. 302... *Rapports d'experts.*)

(1) V. Code civil, 815...

(2) V. Code civil, 839, 1686...

7—2

Des formes pour l'entérinement du rapport et pour la vente. 972
(V. art. 953... *Vente* des biens immeubles.)

Comment se vident les difficultés sur le cahier des charges. 973

S'il y a lieu de vendre divers immeubles, déclarés par différens rapports, impartables. 974

Ce que doivent faire les experts quand il ne s'agit que de diviser. 975

Quid? dans les autres cas. 976

De la manière de procéder par le notaire-commis. 977

Par qui se font les lots. 978

L'acte des lots est reçu et rédigé par le notaire-commis. 979

De la clôture du procès-verbal de partage. 980

De l'homologation du partage. 981

Le jugement d'homologation doit ordonner le tirage des lots. 982

De ce qui touche la délivrance des extraits du partage. 983

En quel cas il faut suivre les formes légales pour les partages. 984
(V. Code civil, art. 466.)

En quel cas on peut s'abstenir des voies judiciaires. 985

PENSIONS. Leurs arrérages se demandent sans épreuve de conciliation, 49, n°. 5. *Conciliation.*

— ET TRAITEMENS dus par l'état, ne peuvent être saisis en totalité, 580. *Saisies.*

PEREMPTION. (de la)

Des délais pour acquérir péremption. 397

Court contre toutes personnes et établissemens, sauf recours s'il y a lieu. 398

N'a pas lieu de droit, et se couvre par acte valable. 399
(V. art. 15. *Audiences* du juge de paix...)

Comment se demande. 400

Opère extinction de la procédure seulement. 401
(V. 449. *Appel.*)

— D'INSTANCE en justice de paix, s'acquiert de droit par le tems de quatre mois, 15. *Audiences* du juge de paix...

— En cour d'appel, donne au jugement force de chose jugée, 469. *Appel.*

PÉTITOIRE. V. Possessoire.

PIÈCES DE COMPARAISON (quelles) sont admises pour vérification d'écritures, 200. *Vérification d'écritures.*

PLAIDOIRIES doivent être publiques. — Exception, 87. *Audiences*, (des) de leur publicité.

— Sont réputées commencées après conclusions contradictoirement prises, 343. *Reprises d'instances.*

POLICE D'AUDIENCE. En ce qui concerne le juge de paix, 10. *Audiences* du juge de paix...

— — — — — — — Les juges inférieurs et les cours, 88... *Audiences*, (des) de leur publicité, etc.; et 470, *Appel...*

POSSESSOIRE; ne se cumule jamais avec le pétitoire, 25. *Jugemens* (des) sur les actions possessoires.

POURVOI EN CASSATION, n'est point admissible immédiatement contre les jugemens arbitraux, 1028. *Arbitrages.*

PRÉPARATOIRE; (jugement) ce que c'est. V. Jugemens préparatoires.

PRISE (de la) A PARTIE.

Des cas où le juge peut être pris à partie. 505

Ce que c'est que le déni de justice. 506

(V. Code civil, art. 4.)

Comment se constate le déni de justice. 507

Après deux réquisitions, la prise à partie peut se poursuivre. 508

Où se portent les prises à partie. 509

De la permission nécessaire pour prendre à partie un juge. 510

De ce qui touche la requête en prise à partie. 511

De l'obligation de s'abstenir des termes injurieux. 512

(V. art. 1036. *Dispositions générales.*)

Des condamnations qui doivent et peuvent intervenir quand la requête est rejetée. 513

Quid? si la requête est admise. 514

(V. art. 49, n°. 7. *Conciliation.*)

La prise à partie ne se juge par la section qui a admis la requête. 515

Des condamnations contre le demandeur débouté. 516

— La demande en prise à partie ne se porte point en conciliation, 49, n°. 7. *Conciliation.*

PROCÉDURE devant les tribunaux de commerce. V. *Tribunaux de commerce*... 414...

PROCÉDURES NULLES sont à la charge de l'officier ministériel, 1031. *Dispositions générales.*

PROCUREURS { GÉNÉRAUX / IMPÉRIAUX } ne peuvent être chargés de la défense des parties, 86. *Audiences*...

— — Ne peuvent se rendre adjudicataires des biens saisis, 713. *Saisie immobilière.*

— — Quelles causes doivent leur être communiquées. V. *Ministère public.*

PROMESSE RECONNUE emporte exécution provisoire du jugement, 135. *Jugemens.* (des)

PROPRIÉTAIRE. Le paiement de ses loyers ne peut être retardé par la saisie, 661. *Distribution* par contribution.

PROPRIÉTAIRES (du droit des) SUR LES MEUBLES, EFFETS ET FRUITS DE LEURS LOCATAIRES ET FERMIERS, OU DE LA SAISIE-GAGERIE, ET DE LA SAISIE-ARRÊT SUR DÉBITEURS FORAINS.

Du droit de saisie par les propriétaires et principaux-locataires. 819

(V. Code civil, art. 2102.)

Comment le sous-locataire obtient main-levée de saisie pour le loyer principal. 820

(V. Code civil, art. 1753.)

Saisie-gagerie se fait en la même forme que saisie-exécution. 821

De la saisie des effets appartenant à un débiteur forain. 822

Du gardien des effets du débiteur forain. 823

De l'obligation de faire juger la validité des saisies ci-dessus. 824

Des règles ultérieures, tant pour la saisie que pour la vente, etc. 825

PROROGATION DE DÉLAI pour opposition à jugement par défaut, peut être accordée par le juge de paix, 21. *Jugemens* (des) par défaut et des oppositions...

——— Peut être accordée pour enquête, une fois seulement, 280. *Enquêtes.*

——— Pour faire inventaire et délibérer. V. 174, *Exceptions.*

PROVISIONS ALIMENTAIRES ne sont saisissables que pour alimens, 582. *Saisies-arrêts...*

PROVISOIRES, (demandes) ou qui requièrent célérité, sont réputées matières sommaires, 404. *Matières sommaires.* V. Célérité. Urgente...

PUBLICITÉ (de la) des audiences. V. *Audiences...* (des) 87...

PUBLICS. (établissemens) V. *Etablissemens publics.*

Q.

QUALITÉS pour l'expédition des jugemens. V. *Jugemens.* 142...

QUESTIONS D'ÉTAT ne peuvent être mises en arbitrage, 1004. *Arbitrages.*

(V. Code civil, 326.).

QUITTANCES (quelles) sont dispensées de l'enregistrement en matière de comptes, 537. *Redditions de comptes.*

R.

RAPPORTEUR. RAPPORTS. V. *Délibérés*, 93...

RAPPORTS (des) D'EXPERTS.

Jugement à fin d'expertise doit en énoncer clairement les objets. 302

L'expertise se fait par trois experts, s'il n'est convenu autrement. 303

(V. Code civil, art. 1678...)

Les parties étant d'accord sur le choix des experts, que prononce le jugement. 304

— N'étant

— N'étant pas d'accord, que doit prononcer le jugement. 305

De la déclaration au greffe par les parties qui sont d'accord. 306

De l'ordonnance à fin de serment, et de la sommation aux experts. 307

Il ne peut y avoir lieu à récusation que contre les experts d'office; exception. 308

Quand et comment se proposent les récusations. 309

Par quels motifs les experts peuvent être récusés. 310

(V. *Enquêtes*, 268—83.)

Comment se juge l'incident sur la récusation. 311

Le jugement sur la récusation est exécutoire nonobstant l'appel. 312

Si la récusation est admise, il est pourvu d'office au remplacement. 313

Quid? si la récusation est rejetée. 314

Ce que doit contenir le procès-verbal de prestation de serment. 315

Quid? si un expert ne remplit pas sa mission. 316

Des pièces qui doivent être remises aux experts et du rapport. 317

Les experts ne forment qu'un seul avis et ne dressent qu'un seul rapport. 318

(V. Code civil, art. 1678...)

Du dépôt de la minute du rapport, et des vacations des experts. 319

Quid? s'il y a retard ou refus par les experts de déposer leur rapport. 320

De la signification du rapport. 321

De la faculté par les juges d'ordonner d'office nouvelle expertise. 322

Les juges ne sont point astreints à suivre l'avis des experts. 323

Rébellion contre officier de justice, comment se poursuit, 555. *Exécution.* (règles générales sur l')

— Dans le cas de contrainte par corps, comment se réprime, 785. *Emprisonnement.*

RECEPTIONS (des) de cautions. [V. Code civil, art. 2018. 19...]

Les délais pour présentation et acceptation de caution, doivent être fixés par le jugement. 517

Comment et à qui se dénonce la présentation de caution. 518

De l'examen des titres; de l'acceptation de caution, et de la soumission par la caution.. 519

Quid? si la caution est contestée. 520

Réception de caution est matière sommaire. 521

De la soumission par la caution jugée suffisante. 522

Récolement (procès-verbal de) sur saisie, ne doit énoncer que les objets en déficit, 616. *Saisies-Exécutions.*

Recommandant doit contribuer aux alimens du débiteur détenu, 793. *Emprisonnement.*

Recommandation., par qui peut être exercée, et son effet, 792. *Ibid.*

Reconnaissance d'écritures. V. *Vérification* (de la) des écritures, 193...

Recors sont nécessaires pour exercer la contrainte par corps, 783. *Emprisonnement.*

Recours en cassation, n'a lieu en matière arbitrale que contre les jugemens des tribunaux, 1028. *Arbitrages.*

RECTIFICATION d'acte de l'état civil. Comment s'obtient, 855. Des voies à prendre pour avoir *Expédition*...

RÉCUSATION (de la) DES JUGES DE PAIX.

Des motifs de récusation contre le juge de paix. 44
De la forme pour récuser. 45
— Pour répondre à la récusation. 46
De la transmission des pièces au procureur-impérial et du jugement. 47

RÉCUSATION (de la) [en général.]

Des causes de récusation contre tout juge. 378
Des cas où il n'y a pas lieu à récusation. 379
De l'obligation par le juge, qui sait en lui cause de récusation, de le déclarer à la chambre. 380
En quel cas les causes de récusation s'appliquent au ministère public. 381
Quand doit être proposée la récusation contre les juges. 382
— Contre les juges-commis aux descentes, enquêtes, etc. 383
De l'acte à déposer au greffe pour la récusation. 384
Du jugement soit de rejet ou préparatoire. 385
De la déclaration en réponse par le juge récusé. 386
De la suspension de poursuite de l'instance. *Quid*? s'il y a urgence. 387
Ce qui doit être jugé si les faits de récusation sont avoués ou prouvés. 388
Si la preuve testimoniale, en cas de méconnaissance, est indispensable. 389
De la peine contre le demandeur qui succombe. 390
De ce qui touche l'appel, et s'il est suspensif. 391

Du délai pour appeler et de la forme de l'appel. 392

De la transmission des pièces devant la cour d'appel. 393

De ce qui touche le jugement en cour d'appel. 394

Du renvoi des pièces au greffier de première instance. 395

De ce que l'appelant est tenu de faire dans le mois du jugement de première instance. 396

— Contre experts. V. *Rapports d'experts*, 308...

REDDITIONS (des) DE COMPTES.

Devant quels juges doivent être poursuivis les comptables. 527

—Doivent être renvoyées les parties après arrêt infirmatif, et de l'exécution de l'arrêt. 528

Les oyans qui ont un même intérêt ne doivent avoir qu'un seul avoué. 529

Tout jugement ordonnant compte, prescrit le délai, et commet un juge. 530

De l'obligation de restreindre le préambule des comptes. 531

De la limitation des frais à employer pour dépenses communes. 532

De la forme des comptes. 533

De la présentation et de l'affirmation de compte; et de la contrainte en cas de retard. 534

(V. art. 126. *Jugemens.*)

Du paiement provisoire du reliquat apparent. 535

De la signification du compte et de la communication des pièces. 536

Des pièces justificatives dispensées de l'enregistrement. 537

Les débats, soutenemens et réponses se font devant le juge-commis. 538

Du renvoi des parties à l'audience si elles ne s'accordent. 539

Ce que doit contenir le jugement sur l'instance de compte. 540

De l'interdiction de réviser les comptes, et de la voie pour réparer les erreurs. 541

Du rapport par le commissaire ; et de ce qui touche le reliquat de compte. 542

(V. Code civil, 474—1996.)

RÉFÉRÉS. (des)

Des cas où il y a lieu à référé. 806

—Se vident par le juge seul, dans une audience déterminée par le tribunal. 807

(V. art. 1040. *Dispositions générales.*)

Quid ? si le cas requiert célérité. (1037. *Dispositions générales.*) 808

De ce qui touche l'exécution, l'opposition et l'appel. 809

Les minutes d'ordonnance sur référé sont déposées au greffe. 810

Le juge peut ordonner l'exécution de son ordonnance sur la minute. 811

Réformation d'acte. V. *Rectification.*

RÈGLEMENS (des) de juges.

Des tribunaux et cours où se font les règlemens de juges, selon les différens cas. 363

De la forme pour obtenir jugement qui permette d'assiguer à fin de règlemens de juges. 364

De la signification du jugement et des assignations. 365

De la déchéance du droit de poursuivre la demande en règlement. 366

Le demandeur qui succombe est passible de dommages-intérêts. 367

— Cette matière est dispensée du préliminaire de conciliation, 49. *Conciliation*.

Reliquat de compte peut entraîner la contrainte par corps, 126. *Jugemens*.

——— En quel cas n'entraîne pas caution ou consignation, 542. *Redditions de comptes*.

——— Apparent, peut s'exiger provisoirement, 535. *Ibid*.

Remise de titres. Les contestations en cette matière ne se portent point en conciliation, 49, n°. 7. *Conciliation*.

RENONCIATION (de la) a la communauté ou a la succession.

— Se fait, sans aucune formalité, sur un registre au greffe civil. 997

(V. Code civil, art. 784, 1457.)

Rentes constituées; comment s'en fait la saisie. V. 636. *Saisies des rentes*.

RENVOI (du) A UN AUTRE TRIBUNAL POUR PARENTÉ OU ALLIANCE.

Des cas où le renvoi peut être demandé. 368

Quand peut être formée utilement la demande en renvoi. 369

De la forme pour la demande en renvoi. 370

Du jugement préparatoire à fin de communication et de rapport. 371

De la signification du jugement et des pièces. 372

Où doit être renvoyée l'instance, la demande se trouvant justifiée. 373

Des peines contre le demandeur qui succombe. 374

Après renvoi on procède, sur simple assignation, selon les derniers erremens. 375

L'appel du jugement de renvoi est toujours suspensif. 376

Des autres dispositions du code qui s'appliquent à l'appel. 377

— Les demandes en cette matière sont affranchies de l'épreuve de conciliation, 49, n°. 7. *Conciliation.*

RENVOIS (des) ou déclinatoires. V. *Exceptions*, 168...

RÉPARATIONS LOCATIVES. La matière est censée réelle pour la compétence, 3, n°. 3. *Citations.*

RÉPÉTITION DE MOYENS dans les écritures, se rejette pour la taxe, 465. *Appel.*

REPRISES (des) D'INSTANCES, ET CONSTITUTION DE NOUVEL AVOUÉ.

L'affaire étant en état, nul évènement n'en peut différer le jugement. 342

A quel point l'affaire est en état. 343

La cause n'étant point en état, *quid*? s'il survient un décès. 344

Changement d'état des parties, n'empêche continuation de procédures. 345

Ce que doit énoncer l'assignation en reprise d'instance. 346

L'instance se reprend par acte d'avoué. 347

L'incident qui s'élèverait sur la reprise, se juge sommairement. 348

Quid ? si la partie assignée en reprise ne comparaît pas. 349

De la signification du jugement de reprise, par défaut. 350
(153. *Jugemens par défaut...*)

De l'obligation de porter à l'audience les oppositions à jugemens par défaut. 351

Reproches (des) contre témoins. V. 268—70, 82, 3.... *Enquêtes*. (des)

— Contre experts. V. *Rapports d'experts*, 308...

REQUÊTE (de la) civile.

Des ouvertures de requête civile. 480

Des ouvertures ultérieures en faveur de l'État, des communes, etc. 481

Quid ? s'il n'y a ouverture que contre un des chefs du jugement. 482

Du délai pour signifier la requête civile. 483

De quel jour court le délai, si la partie condamnée est mineure. 484

Du délai ultérieur pour ceux employés hors de l'Europe. 485

— Pour ceux qui demeurent hors de la France continentale. 486

Du

Du délai, si la partie décède pendant qu'il court. 487

De quel jour court le délai, quand l'ouverture vient du faux, du dol, etc. 488

— S'il y a contrariété de jugement. 489

A quel tribunal se porte la requête civile. 490

— Si elle se dirige contre un jugement produit devant autres juges. 491

Où et à qui se délivre l'assignation. 492

De la forme pour la requête civile incidente. 493

De la consignation préalable. 494

Des copies qui doivent être jointes à la demande. 495

En quel cas l'avoué est constitué de droit. 496

La requête civile n'a point un effet suspensif. 497

— Doit toujours être communiquée au ministère public. 498

De l'interdiction d'employer moyens non-énoncés dans la consultation. 499

Des peines contre le demandeur dont la requête est rejetée. 500

Ce que doit ordonner le jugement quand la requête est admise. 501

A quel tribunal se porte le fond de la contestation (le rescisoire.) 502

De l'interdiction de recourir une deuxième fois à la requête civile. 503

En quel cas la contrariété de jugemens fait ouverture à cassation. 504

Requête civile peut être prise contre les jugemens arbitraux, 1026. *Arbitrages.*

Respect (du) dû à justice dans les audiences. V. art. 10. *Audiences du juge de paix*... — 88. *Audiences*, de leur publicité...

Restitution de fruits. Comment se fait, 129. *Jugemens.* (des)

Revendication. V. *Saisie-revendication*, 826...

— D'effets enlevés par le locataire, maintient le droit de saisie-gagerie, 819. *Propriétaires*, etc. (du droit des)

Révision de compte est interdite. Comment se répare l'erreur, 541. *Reddition de comptes.*

Révocation d'avoué ne peut avoir lieu sans constitution nouvelle, 75. *Constitution d'avoués.*

Rôles. Leur nombre doit être énoncé au bas de toutes les écritures d'avoués, 104. *Délibérés*...

S.

Saisie-brandon. (de la) V. *Saisie* (de la) des fruits... 626...

Saisie-gagerie. (de la) V. *Propriétaires* (du droit des) sur... 819...

SAISIE-REVENDICATION. (de la) [V. Code civil, 2012, n. 1 et 4, et 2279.]

De l'obligation d'obtenir ordonnance de justice pour saisir-revendiquer. 826

(V. art. 608. *Saisies-Exécutions.*)

— De désigner les objets revendiqués, dans la requête à fin de saisie-revendication. 827

De la faculté par le juge de permettre la revendication aux jours de fêtes légales. 828

(1037. *Dispositions générales.*)

Quid? en cas de refus de portes ou d'opposition. 829

(587. *Saisies-Exécutions.*)

Des formalités pour la saisie-revendication. 830

Devant quels juges se porte la demande en validité de saisie-revendication. 831

SAISIES-ARRÊTS (des) ou OPPOSITIONS.

Titre quelconque est un fondement suffisant pour la saisie-arrêt. 557

(V. Code civil, 1242.)

De la nécessité d'une autorisation du juge à défaut de titre. 558

Ce que doit contenir l'exploit à peine de nullité. 559

La saisie-arrêt ou opposition, ne peut être faite qu'à personne ou domicile. 560

(639. *Saisie des rentes.*)

De la nécessité du *visa*, quand l'exploit est fait à personne publique. 561

(1039. *Dispositions générales.*)

De l'obligation par l'huissier de justifier de l'existence du requérant. 562

Du délai pour, par le saisissant, dénoncer l'acte au saisi et l'assigner en validité. 563

———— Dénoncer au tiers-saisi la demande en validité. 564

Quid? s'il n'y a demande en validité. — *Quid*? faute de dénonciation au tiers-saisi. 565

La demande en validité n'est pas sujette à l'épreuve de conciliation. 566

(49, n°. 7. *Conciliation.*)

Les demandes en validité ou en main-levée, se portent devant le tribunal du saisi. 567

(V. art. 59, 1er. *alinéa. Ajournemens.*)

La demande en déclaration ne peut être faite s'il n'y a titre ou jugement. 568

Les personnes publiques, au lieu de déclaration, délivrent certificat. 569

Du tribunal où doit être assigné le tiers-saisi. 570
(V. art. 567 ci-dessus.)

Où doit être faite la déclaration affirmative. 571

Les déclaration et affirmation peuvent se faire par procureur. 572

Ce que doit énoncer la déclaration du tiers-saisi. 573

Du dépôt des pièces justificatives au greffe, et de la signification de l'acte de dépôt. 574

De l'obligation par le tiers-saisi de dénoncer les saisies survenues. 575

La déclaration n'étant pas contestée, il ne se fait aucune procédure. 576

De ce qui peut faire déclarer le tiers-saisi débiteur pur et simple. 577

De la forme de déclaration quand il s'agit d'effets mobiliers. 578

Des formalités pour la vente et la distribution du prix. 579
(613... *Saisies-exécutions.* — 656... *distribution par contribution.*)

Les traitemens et pensions dus par l'état ne sont saisissables qu'en partie. 580

Des choses insaisissables. 581
(592. *Saisies-exécutions.*)

De quelques exceptions à l'art. 581. 582

— — Sur effets appartenant à débiteurs forains, en quels cas peuvent avoir lieu, 822. *Propriétaires* (du droit des) sur les meubles-effets...

SAISIES-EXÉCUTIONS. (des)

De la nécessité d'un commandement préalable, et de notifier le titre. 583

(551. *Exécution forcée.*)

— D'élire domicile dans le lieu par l'acte de commandement ; et à quelle fin. 584

— De témoins pour la saisie ; et de l'interdiction au poursuivant d'être présent. 585

Des formalités nécessaires aux procès-verbaux de saisie ; et quand il faut itératif commandement. 586

Quid ? si les portes sont fermées, ou s'il y a refus d'ouvrir. 587

De l'obligation de désigner en détail les objets, et de peser et mesurer s'il y a lieu. 588

L'argenterie se spécifie par pièces et poinçons, et se pèse. 589

De ce qui touche les deniers comptans. 590

— Les papiers trouvés dans des aitres ouverts d'autorité en l'absence du saisi. 591

Des objets qui ne peuvent être saisis. 592

(V. Code civil, art. 524—5.)

Des exceptions à l'article 592. 593

De l'établissement d'un gérant à l'exploitation rurale. 594

De l'obligation d'indiquer par l'acte de saisie le jour de vente. 595

— D'agréer le gardien solvable présenté par le saisi. 596

— D'établir d'office un gardien si le saisi n'en présente pas. 597

Qui peut ou ne peut pas être établi gardien. 598

De la rédaction du procès-verbal de saisie, de la signature et de la copie au gardien. 599

(585 ci-dessus.)

De la voie coërcitive contre qui ferait violences ou soustractions. 600

(555. *Exécution forcée...*)

De ce qui touche la copie du procès-verbal pour le saisi. 601

De la notification de copie de saisie, si l'on procède hors du domicile et en l'absence du saisi. 602

De l'interdiction au gardien de se servir des choses saisies. 603

De l'obligation par le gardien de compter des profits ou revenus par lui recueillis. 604

Du tems après lequel le gardien peut demander sa décharge. 605

De la manière de procéder par le gardien pour obtenir décharge. 606

De l'exécution de l'ordonnance de décharge. 607

De la manière de procéder par celui qui se dirait tiers-propriétaire des objets saisis. 608

(826. *Saisie-revendication.*)

De ce qui touche les oppositions par les créanciers du saisi. 609

Des poursuites permises et interdites entre le créancier opposant et le saisi. 610

Quid? si l'huissier procédant trouve saisie déjà faite. 611

De la subrogation légale s'il y a retard par le premier saisissant. 612

Il faut huit jours au moins entre signification de saisie et vente. 613

De l'obligation en cas de retard, de notifier au saisi le jour de vente. 614

Les opposans ne sont point appelés individuellement à la vente 615

Le recolement ne doit énoncer que les objets en déficit. 616

En quels lieux *doit* ou *peut* se faire la vente ; et comme elle s'annonce. 617

De ce que doivent contenir les placards à fin de vente. 618

L'apposition des placards se constate par exploit avec annexe. 619

De ce qui touche l'adjudication des barques, chaloupes, bacs, moulins, etc. 620

(V. Code civil, art. 531. 2120.)

— De la vaisselle d'argent et des bagues et joyaux de 300 fr. au moins. 621

De l'interdiction de vendre plus qu'il ne faut pour les créances et frais. 622

La présence ou le défaut de comparution du saisi doit être constatée. 623

De l'adjudication et de la revente faute de paiement. 624

De la responsabilité des huissiers et commissaires-priseurs. 625

SAISIE (de la) DES FRUITS PENDANS PAR RACINES, OU DE LA SAISIE-BRANDON.

Du tems où peut être faite la saisie-brandon, et du commandement préalable. 626

De ce que doit spécialement contenir le procès-verbal de saisie. 627

Du gardien. 628

Des annonces de vente. 629

De ce que doivent désigner les placards. 630

Comment se constaté l'apposition de placards. 631

(583. *Saisies-exécutions*.)

La vente doit se faire à jour de dimanche ou de marché. 632

En quels lieux se font les ventes. 633

De la communité au surplus des formes pour saisie de fruits et saisie-exécution. 634

La distribution des deniers se fait comme le prescrit le titre de la Distribution par contribution. 635

(Art. 656... *Distribution par contribution.*)

SAISIE (de la) DES RENTES CONSTITUÉES SUR PARTICULIERS.

(V. Code civil, 1912—3.)

De la nécessité d'un titre exécutoire et d'une sommation préalable pour la saisie. 636

(V. 551 et 545. *Exécution forcée*, et 146. *Jugemens.*)

Des formes pour la saisie en ce qui touche le saisissant. 637

Des formalités à remplir par le débiteur de la rente comme tiers-saisi. 638

— Ne peut être signifiée qu'à personne ou à domicile. 639

(560. *Saisies-arrêts.*)

L'exploit de saisie vaut saisie-arrêt des arrérages. 640

Du délai pour dénoncer au saisi par le saisissant la poursuite et le jour de première publication. 641

De quel jour court le délai quand le débiteur de la rente demeure hors du continent. 642

De ce qui touche le cahier des charges et son dépôt. 643

De l'exposition dans le tableau public de l'extrait du cahier des charges. 644

Le l'affiche en placards de l'extrait du cahier des charges. 645

De la publication des charges par la voie des journaux. 646

Des

Des formalités ultérieures relativement aux placards et annonces. 647

(673... *Saisie-immobilière.*)

De la deuxième publication et de l'adjudication préparatoire. 648

De la troisième publication et de l'adjudication définitive. 649

Des nouveaux placards et annonces, trois jours avant l'adjudication définitive. 650

Les enchères sont reçues par le ministère d'avoués. 651

Des formalités pour la rédaction du jugement d'adjudication. 652

A qui, de deux créanciers saisissans, appartient la poursuite. 653

Le saisi ne peut proposer les nullités qu'avant l'adjudication préparatoire. 654

Comment se fait la distribution du prix. 655

(656. *Distribution par contribution.*)

SAISIE (de la) IMMOBILIÈRE.

De la nécessité d'un commandement préalable et de sa forme. 673

(V. Code civil, art 2213...)

Du délai à partir du commandement pour exercer la saisie. 674

De ce que doit essentiellement contenir le procès-verbal de saisie. 675

Des copies du procès-verbal que doit délivrer l'huissier. 676

De la transcription de saisie au bureau des hypothèques. 677

Quid? si le conservateur ne peut faire la transcription à l'instant. 678

Du refus du conservateur, motivé sur une précédente saisie. 679

De la transcription de saisie au greffe du tribunal où l'on procèdera. 680

De la dénonciation au saisi et des formalités. 681

De l'exposition par le greffier, au tableau, de l'extrait du procès-verbal de saisie. 682

De la publication par voie de journaux. 683

— Par voie d'affiches. 684

Comment se constate l'apposition des placards. 685

Les originaux de placards et de procès-verbal d'opposition ne se grossoient pas. 686

Du *visa* de procès-verbal par les maires, et de la notification au saisi. 687

Le saisi reste en possession, comme séquestre, des objets non-loués. — *Quid*? des fruits. 688

De quel jour les fruits sont immobilisés. 689

De l'interdiction au saisi de faire coupes de bois, ni dégradations. 690

Quid? s'il y a bail des immeubles saisis. 691

De la nullité de la vente par le saisi, après la dénonciation de saisie. 692

De la voie pour, par l'acquéreur, faire valoir la vente nulle. 693

De l'interdiction de suspendre l'adjudication à cause de la vente indue. 694

De la notification d'un des placards de vente à chaque créancier inscrit. 695

De l'enregistrement de notification au bureau des hypothèques, et de son effet. 696

De ce qui touche le cahier des charges. 697

La mise à prix vaut enchère. 698

Du procès-verbal des dires, publications et adjudication. 699
Quand doit être publié le cahier des charges. 700
Du délai entre la notification au saisi du procès-verbal d'affiches, et la première publication. 701
Des trois publications du cahier des charges, avant l'adjudication préparatoire. 702
Des nouvelles publications, huitaine avant l'adjudication préparatoire. 703
— Dans la quinzaine après l'adjudication préparatoire. 704
De la manière de constater l'insertion aux journaux, des annonces, etc. 705
Du délai entre l'adjudication préparatoire et l'adjudication définitive. 706
De ce qui touche la réception des enchères. 707
— L'adjudication définitive. 708
Des obligations imposées à l'avoué adjudicataire. 709
De la faculté de surenchérir. 710
Des formalités pour faire valoir la surenchère. 711
Il n'y a de concours qu'entre le surenchérisseur et l'adjudicataire. 712
Des personnes pour lesquelles les avoués ne peuvent se rendre adjudicataires. 713
De ce qui touche la rédaction du jugement d'adjudication. 714
Des obligations à remplir par l'adjudicataire avant d'obtenir le jugement. 715
De ce qui touche les frais extraordinaires de poursuite. 716
Des formalités à observer à peine de nullité dans le cours de la saisie. 717

SAISIE IMMOBILIÈRE. (des incidens sur la poursuite de)

Tout incident sur saisie immobilière se juge sommairement. 718

Quid? si deux saisissans ont fait enregistrer deux saisies différentes au même greffe. 719

— Si une deuxième saisie est plus ample que la première. 720

De la subrogation en cas de morosité. 721

— En cas de collusion, fraude ou négligence. 722

Du tems pour appeler utilement de jugement sur contestation incidente. 723

Des obligations du poursuivant contre qui aura été prononcée la subrogation. 724

De la poursuite par les saisissans postérieurs après radiation de la première saisie. 725

Ce que doit faire le débiteur appelant du jugement, en vertu duquel on procède. 726

Comment et contre qui se forme la demande en distraction. 727

Des titres et pièces à énoncer dans l'acte de demande. 728

Quid? s'il ne s'agit de distraire qu'une partie des objets saisis. 729

Du délai pour l'appel du jugement sur demande en distraction. 730

L'adjudicataire n'a pas plus de droits que n'en avait le saisi. 731

(Voyez Code civil, article 2167).

Quid? quand une des publications a été retardée par un incident. 732

Quand proposer les nullités contre la procédure antérieure à l'adjudication préparatoire. 733

De ce qui touche l'appel du jugement sur les nullités prétendues. 734

(V. 456. *Appel.*)

Quand proposer les nullités contre la procédure postérieure à l'adjudication provisoire. 735

De ce qui touche l'appel du jugement sur les nullités ci-dessus. 736

Faute par l'adjudicataire d'exécuter les clauses d'adjudication, la reveute se poursuit. 737

De la voie pour constater que l'adjudicataire n'a pas satisfait aux clauses d'adjudication. 738

Des publications pour la revente. 739

De la signification du placard pour revente. 740

L'adjudication préparatoire peut être faite à la deuxième publication. 741

De la troisième publication et de l'adjudication définitive. 742

De la voie pour, par l'adjudicataire poursuivi, faire cesser la poursuite. 743

De la voie coactive contre le fol-enchérisseur, et de l'emploi de la folle-enchère. 744

De ce qui touche les nullités, les délais, et formalités pour l'appel. 745

De l'interdiction de vendre en justice volontairement pour majeurs. 746

De l'option accordée aux majeurs pour vente après saisie-réelle. 747

Quid? si à la saisie, l'une des parties est mineur ou interdit. 748

— Mobilière ou immobilière ne peut s'exercer sans titre exécutoire, 551. *Exécution forcée...*

—Immobilière ne peut se poursuivre sans pouvoir spécial, 556. *Ibid.*

— En cette matière, nulle demande n'est sujette à l'épreuve de conciliation, 49, n°. 7. *Conciliation.*

SAUF-CONDUIT. Quand et par qui peut être accordé, et de son effet, 782. *Emprisonnement.*

SCELLÉS (de l'apposition des) APRÈS DÉCÈS.

Les scellés sont apposés par le juge de paix. 907

Du sceau pour l'apposition des scellés. 908

Par qui peut être requise l'apposition des scellés. 909
(V. Code civil, 819—20.)

— Pour l'intérêt de personnes mineures. 910

En quels cas les scellés peuvent être requis ou apposés d'office. 911

— Ne peuvent être apposés que par le juge de paix du lieu. 912

De l'obligation de constater la cause de retard, si l'apposition se fait après l'inhumation. 913

Ce que doit essentiellement contenir le procès-verbal d'apposition. 914

Du dépôt des clefs, et de la prévoyance de la loi contre l'abus du sceau. 915

Quid? si lors de l'apposition il se trouve testament ou papiers cachetés. 916

De la perquisition de testament avant apposition de scellés. 917

De la présentation des paquets cachetés, au président de première instance. 918

Quid? si les paquets cachetés appartiennent à des tiers. 919

Quid ? s'il est trouvé un testament ouvert. 920

De la manière de procéder par le juge de paix en cas d'obstacles à l'apposition. 921

Des procès-verbaux du juge de paix à fin de référé en général, et des ordonnances du président. 922

Quid? si l'apposition des scellés est requise après ou pendant l'inventaire. 923

Quid ? s'il n'y a rien qui puisse être mis sous le scellé. 924

Du registre d'ordre à tenir pour les scellés. 925

SCELLÉS. (des oppositions aux)

Comment se fait l'opposition à la levée des scellés. 926

(V. Code civil, art. 821.)

Ce que doit contenir à peine de nullité toute opposition à scellé. 927

SCELLÉ. (de la levée du)

De l'interdiction de lever le scellé et de faire inventaire dans les trois jours de l'inhumation. 928

— Avant que le mineur soit émancipé ou pourvu de tuteur. 929

Des personnes qui ont droit de requérir la levée du scellé. 930

(Art. 909. *Scellés*. [de l'apposition des])

Des formalités pour parvenir à la levée des scellés. 931

Des personnes ayant droit d'assister ou de se faire représenter à chaque vacation. 932

Quid? si l'un des opposans a des intérêts différens de ceux des autres opposans. 933

Les opposans en sous-ordre ne peuvent point assister à la levée des scellés. 934

Par qui sont nommés les officiers instrumentaires. 935

Ce que doit essentiellement contenir le procès-verbal de levée de scellés. 936

Comment il est procédé à la levée des scellés. 937

De la réunion pour l'inventaire des objets de même nature. 938

Quid? s'il est réclamé par des tiers, des objets ou papiers. 939

— Si la cause d'apposition des scellés cesse avant qu'ils soient levés. 940

SÉPARATION (de la) DE CORPS ET DU DIVORCE. (V. Code civil, art. 306 et suiv.)

La demande en séparation se forme par requête au présisident de première instance. 875

De l'ordonnance à fin de comparution des parties. 876

Les parties sont tenues de comparaître en personne sans être assistées. 877

Du renvoi à se pourvoir et de l'autorisation à la femme d'habiter séparément. 878

Des formes pour l'instruction; et du ministère public. 879

De l'exposition du jugement de séparation dans les tableaux publics. 880

(art. 872. *Séparation de biens.*)

En fait de divorce on procède comme le prescrit le Code civil. (art. 229...) 881

SÉPARATIONS (des) DE BIENS. [V. Code civil, art. 1443...]

De la nécessité d'une autorisation préalable, et de la voie pour l'obtenir. 865

De

De l'exposition de la demande, dans un tableau public, au tribunal civil. 866

— Au tribunal de commerce, ainsi que dans les chambres des avoués et notaires. 867

De l'insertion de la demande dans les journaux. 868

Du délai entre les publications et le jugement de séparation. 869

L'aveu seul du mari ne peut faire titre à la femme au préjudice des tiers. 870

(V. Code civil, 1443—1099.)

De la faculté d'intervenir par les créanciers du mari, et de la forme. 871

Des formalités pour rendre public le jugement de séparation. 872

Après un an, du jour de la publication du jugement, il n'y a plus lieu à tierce-opposition. 873

La renonciation de la femme à la communauté se fait au greffe du tribunal déjà saisi. 874

(997. *Renonciation.*)

Quant aux effets de la séparation de biens, V. Code civil, art. 1441, 1536 et suiv.

— De biens ne sont pas soumises au préliminaire de conciliation, 49, n°. 7. *Conciliation.*

— De corps, non plus, 878. *Séparation* (de la) *de corps.*

— D'entre mari et femme, ne peuvent être mises en arbitrage, 1004. *Arbitrage.* (de l')

Septuagénaire ne peut être détenu *pour dettes civiles*, excepté le cas du stellionat, 800, n°. 5. *Emprisonnement.*

(Cela s'entend, en matière purement civile et non-commerciale.)

Serment peut être déféré en bureau de conciliation, 55. *Conciliation.*

(V. Code civil, 1358...)

— Se prête en personne. — *Quid* ? s'il y a empêchement, 121, *Jugemens*; et 1035, *Dispositions générales.*

— De vérité doit être prêté par les témoins, 35. — *Enquêtes.* [en justice de paix] 262. *Enquêtes.*

— D'experts, devant qui se prête, 305. *Rapports d'experts*, 935. *Scellé.* (de la levée du)

— De non-soustraction se prête lors de l'apposition des scellés (914, n°. 9. *Scellés.* (de l'apposition des)

— Lors de la clôture de l'inventaire, 943, n°. 8. *Inventaire.*

Serviteurs. V. Domestiques.

Signification de jugement à fin de contrainte par corps, ne peut être faite que par huissier-commis, 780. *Emprisonnement.*

Sociétés de commerce. Où et à qui se délivrent les assignations contre elles, 69. *Ajournemens.*

Sommaires. (des matières) V. *Matières* (des) *sommaires*, 404...

Sommations. En quels cas ne doivent pas être réitérées, 1034. *Dispositions générales.*

Soutenemens. V. Débats.

Sous-locataires. V. Locataires. (sous-)

Stellionat. V. Stellionataire.

Stellionataire ne peut se défendre, pour cause d'âge, d'emprisonnement à raison de sa dette, 800, n°. 5. *Emprisonnement.*

(V. Code civil, 2069, 66.)

— Ne peut être admis au bénéfice de cession, 905. *Cession.* (du bénéfice de)

(V. Code civil, 2136.)

Subrogation à fin de poursuite dans la saisie, comment se fait valoir, 612. *Saisies-exécutions.*

— — Dans la saisie immobilière, comment s'obtient, 721. *Saisie immobilière.*

— En cas de retard dans la poursuite d'ordre, comment s'obtient, 779. *Ordre.*

Substituts des procureurs-impériaux ne peuvent exercer la défense officieuse, 86. *Audiences*, (des) de leur publicité, etc.

Succession vacante. (du curateur à) V. *Curateur.*

Suppléans (juges) ne peuvent être adjudicataires sur saisie, 713. *Saisie immobilière.*

Suppression d'écrits peut être prononcée par les tribunaux, 1036. *Dispositions générales.*

SURENCHÈRE (de la) sur aliénation volontaire.

Par qui se fait, et ce que doit contenir la notification de surenchère. 832

(V. Code civil, 2183, 5.)

De la déchéance, en cas que la caution soit rejetée. 833

De la nécessité de l'inscription préalable pour surenchérir, et du délai. 834

(V. Code civil, 2123—7—8.)

De la dispense de notification par l'acquéreur, faute d'inscription. 835

(V. Code civil, 2183, 4.)

Des placards pour revente sur enchère, et du délai pour la revente. 836

(V. Code civil, 2187.)

De la notification du procès-verbal d'apposition de placards. 837

L'acte d'aliénation tient lieu de minute d'enchère. — Ce qui tient lieu de surenchère. 838

— Peut être faite par tout le monde après adjudication sur saisie. — Du délai, etc., 710. *Saisie* (de la) *immobilière.*

T.

Témoins. V. *Enquêtes*, (des) 260...

Testament; (perquisition de) quand peut être faite, 917. *Scellés.* (de l'apposition des)

— Trouvé lors d'une apposition de scellés, ce qu'il en doit être fait, 916, 20. *Ibid.*

TIERCE-OPPOSITION. (de la)

Qui peut former tierce-opposition. 474

Où se portent les tierce-oppositions principale ou incidente. 475

— En quel cas l'incidente doit être portée au tribunal qui a rendu le jugement. 476

De la faculté qu'a le tribunal de surseoir ou non au cas de tierce-opposition incidente. 477

De l'amende contre le tiers-opposant qui succombe. 478

— Contre la séparation de biens, n'est pas recevable après l'année d'exposition du jugement, 873. *Séparation* (de la) *de biens.*

TIERS-ARBITRE. Pour ce qui le concerne. V. art. 1018—9. *Arbitrages.*

— SAISI. Pour ce qui le concerne. V. *Saisies-arrêts*, (des) 564...

— — Ne doit pas être traduit en conciliation, 49, n°. 7. *Conciliation.*

TITRE OU JUGEMENT exécutoire vaut, hors du ressort, sans *visa* ni *pareatis*, 547. *Exécution forcée...*

— AUTHENTIQUE. V. Promesse reconnue.

TRAITEMENS ET PENSIONS dus par l'État, ne peuvent être saisis qu'en partie, 580. *Saisies-arrêts...*

TRANSACTION sur matière de faux, n'est exécutoire qu'après homologation, 249. *Faux incident...*

TRANSCRIPTION DE SAISIE IMMOBILIÈRE doit être faite aux hypothèques, 677. *Saisie immobilière.*

TRÉSOR PUBIC. A qui et où se délivrent les assignations contre lui, 69, n°. 2. *Ajournemens.*

(V. Code civil, art. 2098.)

TRIBUNAUX DE COMMERCE. (procédure devant les)

La procédure se fait sans ministère d'avoués. 414

Toute demande se forme par ajournement, selon la règle générale. 415

(Art. 59... *Ajournemens.*)

Le délai d'ajournement est au moins d'un jour. 416

Quid? si le cas requiert urgence. 417

Des matières, et des cas où l'assignation d'heure à heure est praticable sans ordonnance. 418

Assignation à personne, donnée à bord, en matière maritime, est valable. 419

De l'option de tribunal accordée au demandeur. 420

De l'obligation de comparaître en personne ou par procureur spécial. 421

— De faire, par les non-domiciliés, élection de domicile dans le lieu. 422

Les étrangers demandeurs ne sont tenus de donner caution *judicatum solvi*. 423

(166. *Exceptions*.)

De l'incompétence et du déclinatoire. 424

(170. *Exceptions*.)

De l'obligation par les juges de statuer séparément sur le déclinatoire et sur le fond. 425

Où doivent être assignés les veuves et héritiers de justiciables du tribunal de commerce. 426

Quid? si une pièce produite est arguée de faux ou méconnue. 427

(214... *Faux incident* civil. 193 *Vérification*...)

De la faculté par les juges de faire venir les parties en personne, ou de déléguer. 428

(1035. *Dispositions générales*.)

Quid? s'il y a lieu de renvoyer à des experts ou arbitres. 429

(303 *Rapport d'experts*.)

De la récusation contre les experts ou arbitres. 430

Du dépôt des rapports. 431

Des formalités au cas d'enquête. 432

Des formes pour la rédaction et l'expédition des jugemens. 433

Des défauts contre les demandeur et défendeur. 434

De la signification des jugemens par défaut et de leur exécution. 435

Opposition n'est pas recevable après huitaine du jour de signification. 436

(157. *Jugemens*.)

— Ce qu'elle doit contenir, et où doit être signifiée. 437

A quelles conditions l'opposition lors de l'exécution, arrête l'exécution. 438

De l'exécution provisoire avec ou sans caution. 439

De la manière de présenter la caution. 440

De la soumission de la caution et de l'exécution du jugement sur les difficultés à ce sujet. 441

Tribunal de commerce ne connaît point de l'exécution de ses jugemens. 442

(553. *Exécution forcée.*)

TUTELLES (nul litige concernant les) ne se porte en conciliation, 49, n. 7°. *Conciliation.*

TUTEUR, en ce qui le touche. V. *Avis de parens*, 882...

— N'est pas admis au bénéfice de cession, 905. *Cession.*

— Ayant compromis l'intérêt de son administration, est passible des dépens, 132. *Jugemens.*

U.

UNIONS ET DIRECTIONS DE CRÉANCIERS, où et à qui se délivrent les assignations contre elles, 69. *Ajournemens.*

URGENTE ET PROVISOIRE (en matière de commerce) l'assignation peut se donner d'heure à heure, 418. *Tribunaux de commerce.*

(V. *Célérité.*)

USURPATION DE TERRES; en ce cas le juge de paix peut se transporter sur le lieu, 38. *Enquêtes.*

V.

VAISSELLE D'ARGENT. V. *Bagues et Joyaux*. Même disposition. 621.

VENTE (de la) DU MOBILIER. (V. Code civil, 452, 796, 805.)

En quelle forme se vendent les meubles après décès. 945
(617... *Saisies-exécutions*.)

De la réquisition de vente; de l'ordonnance du juge, et de l'officier public. 946

Des personnes qui doivent être appelées à la vente. 947
(942. *Inventaire*.)

Les difficultés se vident en référé. 948

— Se fait dans le lieu où sont les effets, s'il n'en est autrement ordonné. 949

— Se fait tant en absence que présence sans notaire pour les non-comparans. 950

Le procès-verbal fait mention de la présence ou de l'absence du requérant. 951

Ce qu'il faut pour que les parties soient dispensées de toute formalité. 952

VENTE (de la) DES BIENS-IMMEUBLES.

De la manière de vendre pour majeurs d'accord; et au cas de licitation. 953
(746. *Saisie-immobilière*... 966... *Partages et licitations*.)

— Si le bien appartient à mineur, seul, ou indivisément avec majeurs. 954
(Code civil, art. 459...)

Ce

Ce que doit contenir le jugement homologatif de délibération pour vente de biens de mineur. 955

De ce qui touche le rapport des experts. 956

(318. *Rapport d'experts.*)

Du dépôt du rapport. 957

Du cahier des charges et de l'ouverture des enchères. 958

De la lecture publique du cahier de charges, et du délai pour l'adjudication préparatoire. 959

Des affiches pour l'adjudication préparatoire. 960

Des jours et lieux où doivent être apposés les placards. 961

De la publication par voie de journaux. 962

De l'obligation de réitérer les publications, et du tems avant l'adjudication. 963

Quid? si les enchères ne s'élèvent pas au taux de l'estimation. 964

Des formalités pour la réception des enchères et l'adjudication. 965

(701... *Saisie-immobilière.*)

VENTE VOLONTAIRE D'IMMEUBLES entre majeurs ne peut avoir lieu en justice, 746. *Saisie immobilière.* (*Des incidens...*)

VÉRIFICATION (de la) DES ÉCRITURES.

Combien la matière est provisoire; et des frais s'il n'y a pas déni. 193

(49, n°. 7. *Concilation...*)

Quid? si le défendeur ne comparaît pas. — *Quid*? s'il reconnaît l'écrit. 194

V. Code civil, 2123.

Quid? si le défendeur dénie, ou dit ne pas reconnaître l'écriture d'un tiers. 195

(V. Code civil, 1324.)

Ce que doit comporter le jugement à fin de vérification. 196

(303. *Rapports d'experts.*)

Comme il faut procéder s'il y a récusation contre le juge-commissaire ou les experts. 197

Du délai pour par le défendeur prendre communication de la pièce. 198

Des mesures pour que les parties conviennent de pièces de comparaison. 199

Des pièces de comparaison admissibles, si les parties ne s'en accordent pas. 200

Quid ? si les pièces de comparaison sont aux mains de tierces personnes. 201

— Si les détenteurs sont éloignés ou si les pièces ne peuvent se déplacer. 202

De la copie pour valoir instantanément de minute au dépositaire public. 203

Des sommations aux dépositaires, aux experts et à la partie. 204

Si le dépositaire qui apporte la pièce reste présent à la vérification. 205

Quid ? en cas d'insuffisance des pièces de comparaison. 206

Les parties ne peuvent être présentes à la vérification. 207

De quelle manière les experts procèdent. 208

De l'annexe du rapport à la minute de procès-verbal du juge-commissaire, etc. 209

Comment les experts énoncent leur avis dans le procès-verbal. 210

(318. *Rapports d'experts.*)

Des personnes qui peuvent être entendues comme témoins. 211

De la représentation des pièces aux témoins et de leur paraphe. 212

Des peines contre le défendeur qui succombe. 213

Veuves et héritiers d'un justiciable du tribunal de commerce sont justiciables du même tribunal. 426 *Tribunaux de commerce...*

Visa doit être mis sur l'original des significations faites à personnes publiques, 1039. *Dispositions générales.*

VISITES (des) des lieux et des appréciations. (Justice de paix.)

En quels cas il peut y avoir visite des lieux par le juge de paix. 41

De la faculté par le juge paix de se faire assister de gens experts. 42

De ce que doit énoncer le jugement sans appel pour suppléer le procès-verbal. 43

Voleurs condamnés comme tels ne sont admissibles à cession de biens, 905. *Cession.*

— — Même correctionnellement, sont reprochables comme témoins, 283. *Enquêtes.*

FIN

www.ingramcontent.com/pod-product-compliance
Ingram Content Group UK Ltd.
Pitfield, Milton Keynes, MK11 3LW, UK
UKHW020922180726
13838UKWH00002B/699

9 782329 378350